LOCUS

LOCUS

catch

catch your eyes；catch your heart；catch your mind……

師徒百景

十六組傳技也傳心的匠人傳承故事

井上理津子 著

園師

茶壺師傅

佛像雕刻師

刀匠

江戸切子玻璃職人

×文化財修復師

江戸小紋染織人

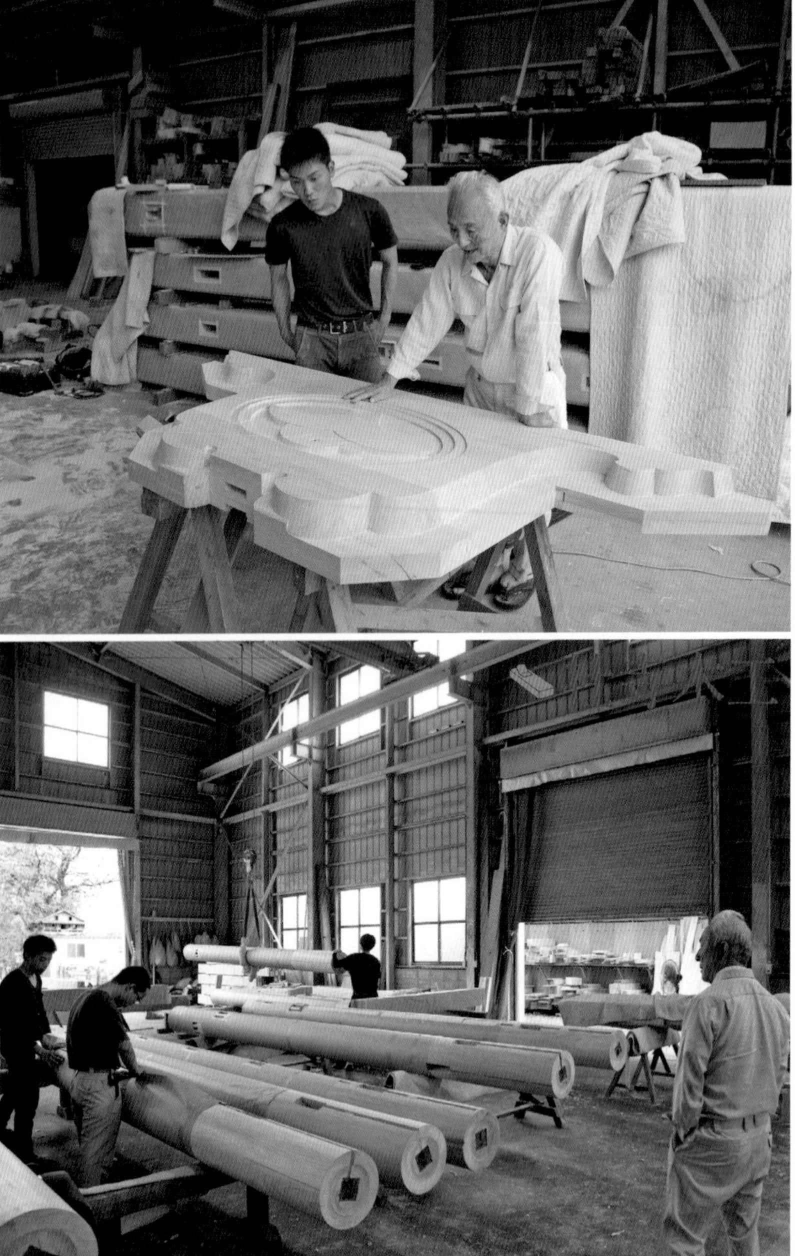

江戸木版書雕版師

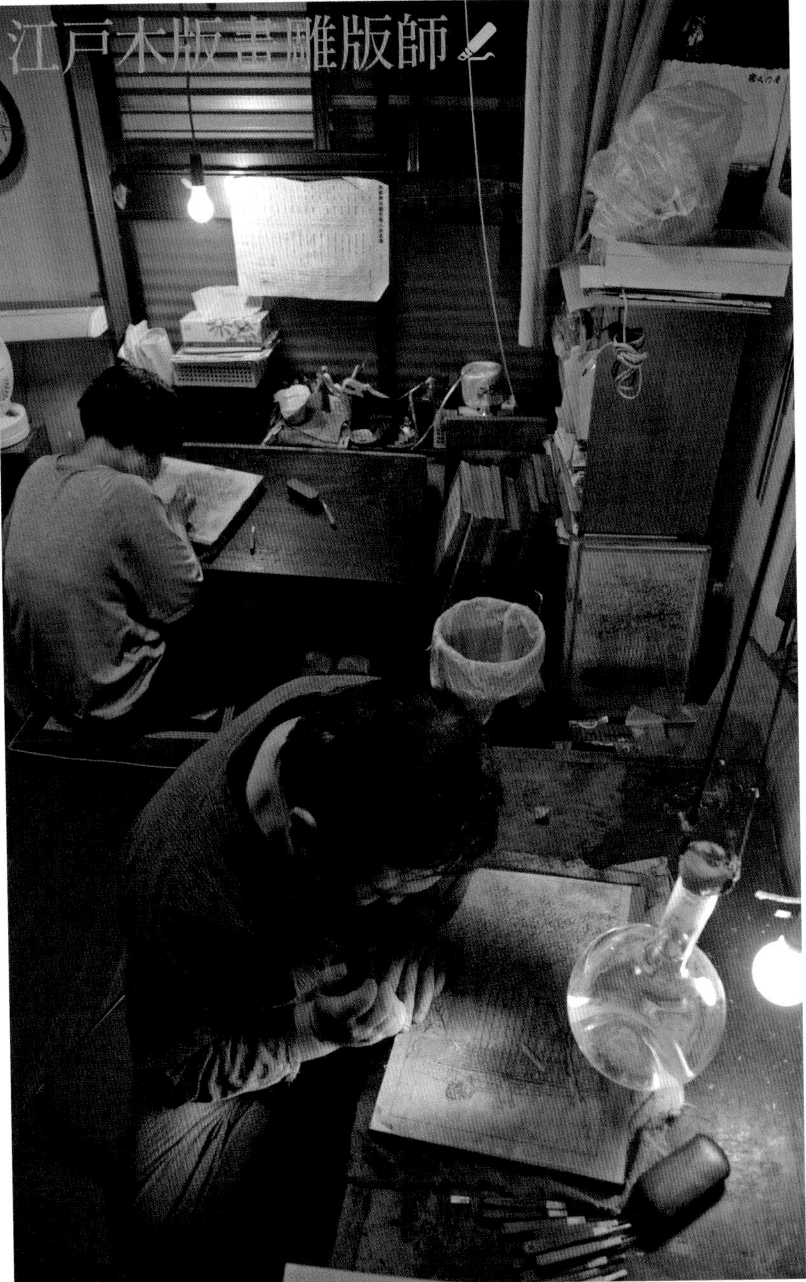

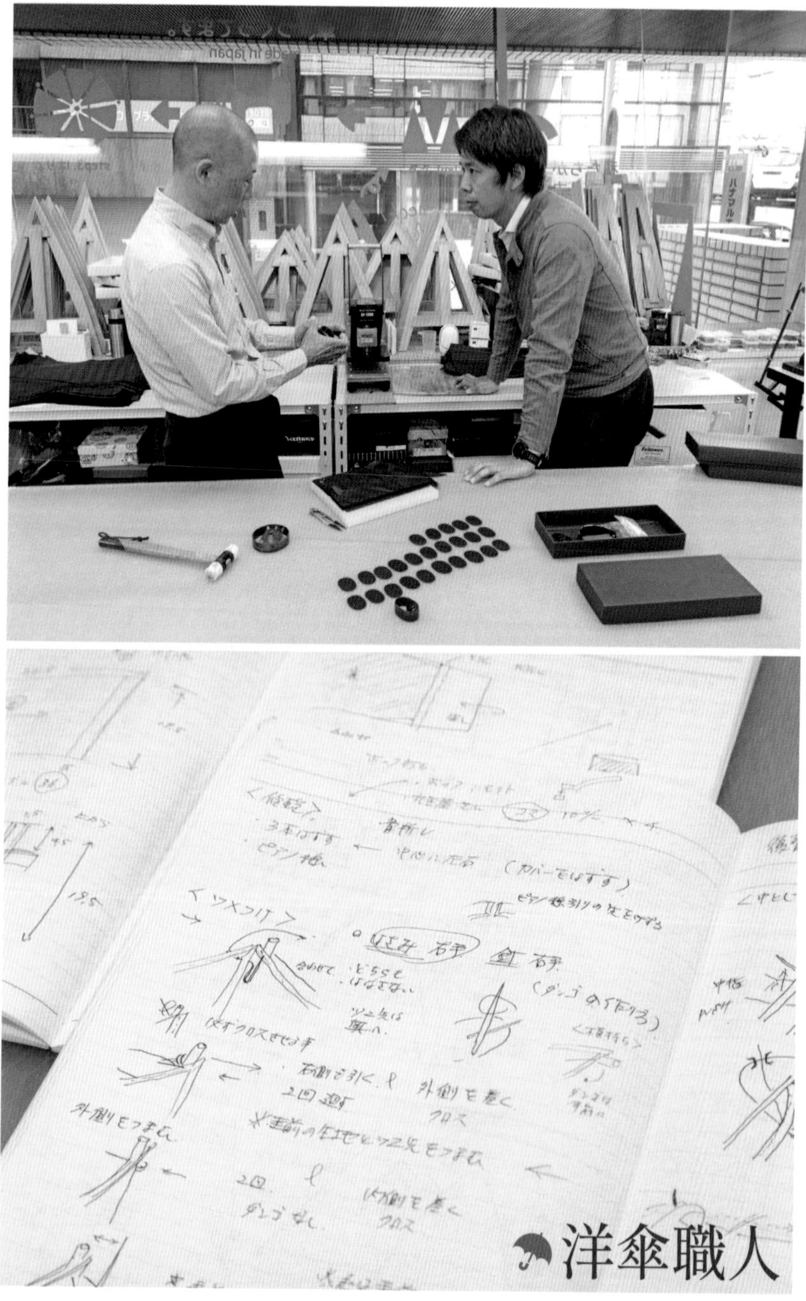

洋傘職人

英國皮鞋職人

製硯職人

社寺畫師

茅葺屋頂職人

師徒百景

十六組傳技也傳心的匠人傳承故事

前言

「你要不要試著採訪『非』一脈相傳的傳統工藝職人師徒？」

這是二〇一九年秋天，以茶湯文化為主題的月刊雜誌《NAGOMI》（なごみ，淡交社）編輯部的磯田涉先生給我的任務。傳統工藝的器具製作多是一脈相傳，也就是說，知識與技術等奧祕都只傳給自己的其中一個孩子，絕不外傳給其他人。一脈相傳當然也有各種辛苦，但無血緣關係的人想要進入這個世界又是多麼艱難的一件事。這個想法就是本次企劃的起源。

我認為這個點子很有趣，便爽快地答應了磯田先生的提議。原本我就不太認同血統主義的思考方式，我認為職業選擇應該優先尊重本人的意願。而且，職人界已有好長一段時間高喊新血不足，我也對職人的生活方式與技藝深感好奇。

「能打開門戶固然是好事，但這些外來的學徒和原本就具備技術背景和精神的繼承人不同，或許有些吃虧的地方。」

「職人的世界十分頑固，也許現在還是主張『看著師傅的背影學習』吧。」

還記得當時我和磯田先生有過這番討論。採訪開始後不久，新冠肺炎開始流行，遠距工作蔚為風潮，我立刻發現職人的工作及師徒關係，與這股潮流恰恰相反。

本書收錄了當初連載的十一篇文章，加上後來我與對本次企劃深有共鳴的辰巳出版編輯部小林智廣先生，一起採訪寫成的五篇文章。

「職人的工作充滿了『把興趣發揮到極致』、『不在公司上班的生活方式』……等等要素呢。」

「如今，師徒關係轉變成『讓徒弟看著師傅的背影，但師傅也會用口頭教導』，真是令人感動。」

與小林先生一起採訪的途中，我們經常討論這些話題。

本書的目的是講述師傅與徒弟各自的想法，包括：彼此互信、世代差距，並呈現技術與傳統的傳承。為此，我親赴工作現場，也在書中各處加入以自身觀點所看到的真實樣貌。

師徒百景：十六組傳技也傳心的匠人傳承故事　目錄

1 庭園師

師傅＝平井孝幸

弟子＝竹澤康介

「有些事說了你還是不會懂。」

「師傅不會仔細教我。」

充滿凜冽空氣的另一個世界

我與平井孝幸師傅見面的地點，是師傅設計的三鷹學園（書道、茶道教室，位於東京都三鷹市）庭院。這裡是從ＪＲ中央線三鷹站徒步約十分鐘的鬧區。前庭有透過樹木灑落的陽光，相當明亮，再從鏽皮圍牆與長凳之間的外茶庭往前走十公尺，便會進入另一個世界。一處滿佈青苔，處處生著蕨類的茶庭。樹木在些微起伏的地面上自在伸展，庭院中佈置著陳舊的燈籠與洗手缽。

「這裡簡直像是在哪一座山上，對吧？」

平井師傅對我露出和善的笑容。

我認同的大大地點了頭。這裡不僅不像市中心鬧區，也不像人工打造的庭園。我不禁覺得這個庭園彷彿保留了當地的自然風景，只是在不知不覺間，四周發展成了都市。我想，其他看過這個庭園的人，應該也有同感。光是看著這樣的景色，就令人心曠神怡。

平井師傅一心投入造庭已有四十餘年，是一位以「自然庭園」名家廣為人知的庭園師。師傅的造園風格寬廣，從三鷹學園這種風雅的茶庭、到滿是花卉的英式花園，都包含在內。是一位能將各種空間轉變為「自然庭園」的專家。

「大學三年級時，我看到飯田十基師傅的庭園照片，大為驚豔。那就是我成為庭園師的起點。」

平井師傅出身於保谷市（現今的西東京市），老家在當地擁有五千坪的廣大土地，師傅是嫡系長男，一直到中學為止，都對家裡經營的園藝業毫無興趣。直到某一天，叔父對他說：「你可以去做別的工作，但老家的土地可別荒廢了。」這句話深深打動了平井師傅。當他從繼承家業的束縛中解脫時，他開始對「庭園」產生興趣，因而奮發努力。為了拓展視野，高中時代就一個人走遍全國的知名庭園，後來進入東京農業大學農學部造園系。大學三年級時，在專業雜誌上看到飯田師傅設計的庭園，感到十分驚豔。

師傅的師傅，傳說級庭園師・飯田十基

飯田師傅是「雜木庭園」的先驅。光看雜誌的照片，都能感覺到庭園中風吹過各種樹木葉片的聲音、河川流水聲，呼吸到彷彿身處森林的清爽空氣。與平井師傅之前學習的庭園「根本就是不同的次元」。在雜誌上看到飯田師傅設計的庭園後，平井師傅

立刻就動身前往觀摩，也下定決心一定要跟著飯田師傅學習，大學畢業時就請求飯田師傅收他為徒。

「飯田師傅不肯收我，叫我『先去挖地挖一年』，師傅介紹了一間常與他合作的植栽批發業者，叫我去植林地挖樹。在一群十五歲就開始做這行的學徒裡，只有我一個是大學畢業。誰也不肯教我，還有人欺負我，讓我一次背三袋四十公斤的水泥，那時候真慘。」平井師傅說。

以挖竹子為例，挖竹子的時候，其他人挖了十株，平井師傅再怎麼努力也只能挖起一株。令他非常不甘心，拚命找尋像其他人一樣動作快的祕訣。後來，他才發現竹子下方的竹節間隔愈窄，代表根長得愈淺，容易挖起。這都是親身經歷才學到的知識。在工作現場，他還學到了各種樹木適合移植的時期。例如，「櫻樹在開花後、抽芽前移植，就不會枯萎」。

「我花了一年還學不完全部的知識，結果整整兩年每天都在挖地，到了一九七五年才總算入門當了弟子。」

飯田師傅有許多的粉絲，一九七五年已經是他的最後晚年。

「負責的案子現場每個都很有意思。」平井師傅回憶當時，飯田師傅坐著司機開的車、穿著西裝抵達現場，給人的印象與一般的庭園師完全不同，指導的方式也出人意料之外。

「有一次，師傅在七、八個人作業的現場突然指著一個燈籠，問當年已經是中流砥柱的前輩：『這個燈籠是哪個時代的？』前輩答不出來，師傅就笑他：『你怎麼連這都不知道，我在你這個年紀時可是全部都懂。』當時我覺得他真是個壞心眼的老人家。」

不過，平井師傅也因此奮發學習，徹底研究燈籠，讀了許多的文獻資料，假日還前往京都的古寺庭園，持續地進行燈籠的量測、拓印、素描與攝影。同時，飯田師傅也給了柔性的建議：「去學學茶吧」、「學東西得學十年才有用」。平井師傅也在那時開始前往茶道教室學習。

飯田師傅在一九七七年離世。兩人直接傳承的師徒關係僅維持了一年半，平井師傅就此獨立，但他仍繼續研究燈籠、學習茶藝長達十年之久。當然，這兩者都與造園有相通之處。

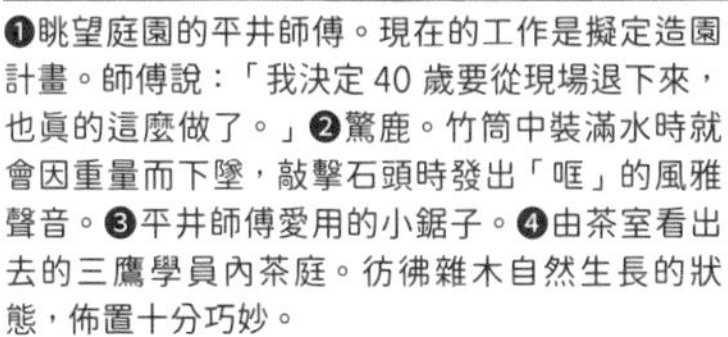

❶眺望庭園的平井師傅。現在的工作是擬定造園計畫。師傅說：「我決定 40 歲要從現場退下來，也眞的這麼做了。」❷驚鹿。竹筒中裝滿水時就會因重量而下墜，敲擊石頭時發出「哐」的風雅聲音。❸平井師傅愛用的小鋸子。❹由茶室看出去的三鷹學員內茶庭。彷彿雜木自然生長的狀態，佈置十分巧妙。

「太硬了」、「再軟一點」

「我看得愈來愈清楚了。」

飯田師傅曾說過：「沒過五十歲，不會接到什麼好工作。」似乎真的是如此。

平井師傅的「自然庭園」衍生自飯田師傅的「雜木庭園」，許多人心醉於它的美，造園委託不斷湧入。三鷹學院的理事長也是其中一位委託者，他對平井師傅說：「就交給你了。」把一切都交給師傅自由發揮。平井師傅瞭解理事長期待「希望能感覺到季節變化，成為學習日本心文化的場所」，同時他也充分發揮自己的感性、理論與經驗。茶庭前種植了微風吹過時葉片翻飛的檜樹與楓樹。從外面也看得到茶庭內的景色，這座庭園完全融入了街頭巷尾的風景。

這一天，在這裡修剪檜樹的是拜師第五年的竹澤康介。他說，社長常給他的意見是「太硬了」、「再軟一點」。

這句話是什麼意思呢？

「愈不會剪的人，剪掉的枝葉愈多。」平井師傅解釋，「修剪得愈仔細，看起來愈僵硬、愈不自然。要剪到看不出來有剪才對。」硬與軟是形容樹木整體的氣氛，也是

❶竹澤登上手工製作的梯子爬上樹，沒花幾秒就在近3公尺的高處開始作業。他笑著說：「師傅和前輩都不教我腿要放在哪根枝條上才不會壓斷樹枝，我摔下去好幾次才學到訣竅。」
❷三鷹學園內茶庭。這種「沒什麼設計的單純庭園」看似簡單，其實最難設計。
❸修剪檜樹的竹澤。平井師傅說：「要再軟一點。」在我看來，竹澤下剪刀的方式，實在看不出來有剪、還是沒剪。
❹竹澤與後進一起照料道路旁的草木。

這對師徒的共通語言。

「社長不會仔細教我，不過，只要跟隨著他的目光，就會發現『有哪裡不對』是什麼意思。我就是反覆在這樣的模式中學習。社長說：『有那個樣子了。』我就認為自己做到了。不，或許只有我自己這麼覺得而已，我也還在學習。」

決定拜師的關鍵是貼在雜誌上的標籤

平井師傅的弟子們很多都是造園系畢業，竹澤與眾不同，他大學讀文科，畢業後在花卉銷售公司工作，在進貨與銷售工作中對建築外裝產生興趣，於是一邊工作一邊在設計學校就讀，之後竹澤的興趣擴展到庭園。有一天，當他數著專業雜誌《庭》的期數時，突然發現一件事。

「我以前完全沒注意庭園師的名字，只是在雜誌上喜歡的庭園照片貼上標籤。後來才發現，標籤幾乎都貼在平井孝幸設計的庭園上。」

竹澤想起了住在山形的木匠祖父說過：「蓋房子要花七分力氣，庭園也要花三分力氣。」高中時的老師也說：「人生最大的幸福莫過於能做自己喜歡的工作。」竹澤心生嚮往，希望能成為像平井師傅這樣的庭園師。

「我下定決心便打了電話過去問：『有沒有在收徒弟？』沒想到師傅很輕鬆地回我：『可以啊，可以收徒弟。』我聽了嚇了一跳。他要我『挑一張喜歡的庭園照片，再針對這張照片寫六百字的文章寄過去』。」

竹澤寄去的文章寫的是舊輕井澤一處他喜歡的庭園。面試時，平井師傅輕鬆地說：「那裡真的很不錯。」接著提出他對「自然庭園」的看法，他告訴竹澤：「我是這樣想的，如果你願意就來吧。」師傅坦率的語氣，讓竹澤緊張的心情終於放鬆。

代代相傳的「指導法」

竹澤順利拜師之後，與三位同期徒弟一起被指派的第一件主要工作，還是在自家公司的植林地「挖地」。竹澤感到十分沮喪，懷疑自己「該不會一輩子都要待在這裡」，但平井師傅偶爾會來植林地，他告訴竹澤：「你要觀察樹木，瞭解樹根的狀態。」竹澤感覺「自己的心思好像被師傅看透了一樣」。在植木林練習修剪樹木後，師傅也開始讓竹澤參與現場工作。雖然師傅沒有親自示範、仔細教導，但竹澤兩眼發光地說：「我常常覺得社長連不經意的一句話都很厲害。」舉例來說呢？

「我們在聊三一一大地震當天自己在做什麼，社長說：『當時我家的燈籠倒了，害我嚇出一身冷汗。』後來，他又自言自語地說：『對了，椿山莊的石燈籠真不錯。』」

竹澤不知道椿山莊的石燈籠，當天他就到處查資料。原來這是東京唯一一處保留鎌倉時代的燈籠，共有六面燈罩，其中四面有十分豐富的裝飾，也是奈良古寺般若寺的「般若寺型石燈籠」中，最古老的一種。

平井師傅與剛剛聽到的飯田師傅，兩人的指導方式是不是很像呢？飯田師傅會用有些壞心眼的方式問徒弟：『你怎麼連這都不知道。』平井師傅則是用若無其事的自言自語暗示。我跟平井師傅說：「這真是很棒的教學方法。」他笑著轉換話題，故弄玄虛，只說：「這份工作可是講力氣的，不少人很快就受不了，乾脆就放棄了。」

充實知識後，才能打造出平井師傅的「自然庭園」。這裡的枹櫟、柳杉、黑櫟、掌葉槭，每一株都像是原本就生長在這裡，給人清新自然的印象。

「在我眼中，這個庭園就像是來到都會的阿爾卑斯山少女小蓮，剛開始她會感到困惑，但最後就會變回原來的自己，開心玩耍。」

竹澤一臉笑意地說。

平井孝幸｜1951 年生於東京。東京農業大學造園系畢業後，拜飯田十基爲師。1978 年創立「石正園」（位於東京都西東京市）。以不著痕跡的「自然庭園」爲創作理念。著有《打造舒適庭園 Q&A》（暫譯）等書籍。

竹澤康介｜1989 年生於神奈川。大學畢業後任職於花卉銷售公司。因工作對建築外裝產生興趣，25 歲時一邊工作一邊在建築設計學校進修，轉而對庭園感到興趣。2015 年成爲平井師傅的弟子。

2

茶壺師傅

師傅＝二代長野垤志

弟子＝江田朋

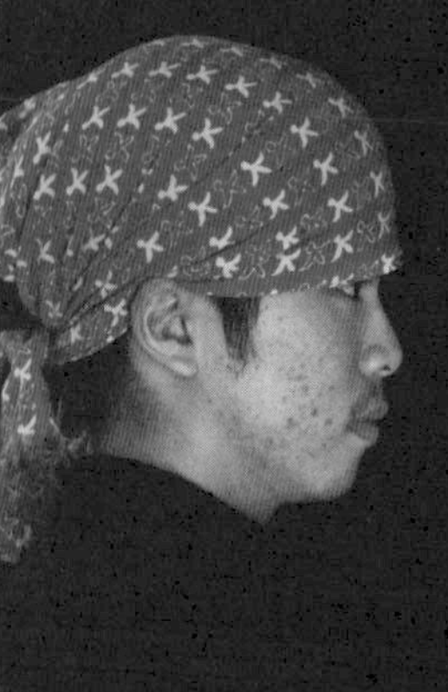

「比起技術，我更想傳承職人的心意。」

「常常會有『原來如此』的體悟。」

日本歷史悠久的「和銑」工坊

從ＪＲ高崎線桶川車站搭上計程車後，我告訴司機：「請載我到製作茶壺的長野工坊。」司機問我：「是在住宅區掛著看板的那戶人家，對吧。」抵達之後，我才發現當地真的是住宅區。入口的牌子以藝術字體寫著「長野工坊」與這串文字：

It is open from 1972　茶壺　茶具製作　鑄鐵工藝

有時工作的關係會產生煙霧

這裡是和銑茶壺大師長野垤志的工坊。

茶壺的材質分為「和銑」與「洋銑」兩種，其中和銑極不易生鏽。相信許多人都知道，兩者的手感與茶湯風味都有細微差異。洋銑是幕末時期傳進日本，技術上能夠大量生產。相對地，日本歷史悠久的和銑茶壺則需要熟練的技術，不僅無法大量製造，產量還很低。明治後期，和銑茶壺被洋銑取代。戰後，長野師傅的父親初代長野垤志（一九〇〇～一九七七，重要無形文化財保持者，人間國寶）才將這一門技術重新發揚光大，長野師傅也在半個世紀前繼承了父親的精神與技術。

我見到長野師傅，他一開口便說：「一九七二年我剛到這裡時，附近還是一片草原。」

這句話同時解答了工坊選址之謎與門口掛牌的意義。

走進工坊，我發現它是一座天花板很高的正方形茶褐色泥土地房，四邊約有十公尺寬。我第一眼便注意到那沉重的大爐。紅褐色的煙囪一路延伸到天花板，周圍堆疊著許多成排的柴薪、用具與洋鐵罐，工坊的一角還放著狀似火盆的模具。

左右環視工坊時，長野師傅告訴我：「做茶壺時要先構思設計，從木製模具開始做，接著把木模具套在砂跟泥製成的模板上旋轉，使其成形，這個作業叫『粗削』，是製作步驟的開端，茶壺的製作工程可以細分成超過一百個步驟，全程耗時四個月。」說到這裡，師傅露出得意的笑：「我們這個業界從彌生時代以來就毫無發展性，每天都是一點一點手工製作。」

從「職人路線」到「員工時代」

——您是直接繼承了父親（初代長野垤志）的工作嗎？

「不，一開始我父親非常反對。」

好工作不見得有相對應的報酬。身為茶壺師傅的父親出於父母對子女的愛，不想讓孩子「辛苦又貧困」。長野師傅大學讀歷史，原本他想當博物館研究員，因不得其門而入，改而轉向創作，立志成為工藝家。他向東京一間鑄造廠提出拜師學藝的請求，結果被發現是（初代）長野垤志的兒子，立刻遭到拒絕，說是「沒有到你父親的許可」。有趣的是，頑固的父親聯絡了整個東京的鑄造廠，要他們「別理我兒子」，反而讓長野師傅產生了「就算是賭一口氣，我也要成為工藝家」的念頭，更加堅定他的意志。二十五歲後，父親終於妥協，准許他在長野縣岡谷市銅像工坊學藝結束後，前往母親娘家的山形縣鑄造廠繼續學習。

長野師傅說：「我剛好趕上了最後一班車，來得及跟經歷過內弟子制度的大正世代職人學習。」

我在這裡補充一些說明。在明治時代的社會階層中，工藝被輕視為「職人的工作」，長野師傅說，工藝開始被視為藝術是從一九一三年（大正二年），文部省美術展覽會新增工藝部門之後。由於當時扭曲的價值觀造成派系鬥爭，同時手工業職人被稱為「町之人」，工藝界內也產生了上下關係。

以勞動條件來看，「町之人」的徒弟制度堪稱「過度嚴苛」。戰後，作為民主化政策的一環，徒弟制度被廢除，工藝界的弟子紛紛「員工化」。當時吹起一股領固定薪資、勞務就應該減少的風潮，職人工作的傳承也變得更加困難。

長野師傅曾在山形的鑄造廠，跟著在徒弟制中充分學習技術的最後一代職人學藝，但背後的實情是「因為職人想減少自己的工作量，所以願意傳授許多技術」。當時也是外食產業發展的高度經濟成長期。師傅鑄造了許多鍋具、壽喜燒鍋、章魚燒盤，技術有所提升，終於在三十一歲那年出師獨立。

「剛開始，鑄造後有很多成品都裂開了，我試著調整材料，例如：加入微量的錳、把材料送去分析成分、向理學博士和工學博士請益……能想到的方法我都試過一遍了。後來我也收了六個徒弟，努力教導他們該用什麼樣的心境鑄造器物。」

拜父親的師傅為師

長野工坊現在是師徒三人。兩位徒弟分別是：長野師傅的長子、入門已十七年的中生代長野新，以及入門兩年的江田朋。

我問江田，在長野工坊的學徒生活感覺如何？我這個問題很籠統，江田回答的語氣卻很輕鬆。

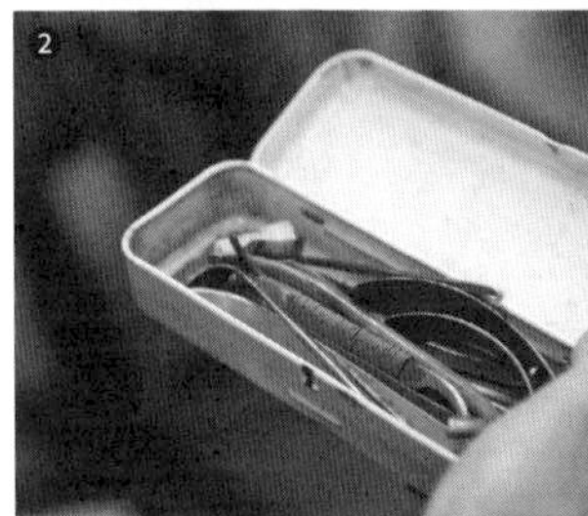

❶右爲二代長野垤志創作的古典地紋「武藏野壺」，左爲江田朋的創作，以風爲意象的附環茶壺。江田說：「師傅告訴我，你還年輕，現階段就以風爲主題吧，之後我一直在思考，我想創作有自己風格的茶壺。」

❷❸工具一定要放在固定位置，這是比製造還要基本的規則。

❹思考下一個作品該如何設計的長野師傅。

❺工坊創立於 1972 年，中央有一座熔鐵爐。

「每天我都在製作自己的作品，還有幫忙師傅和師兄創作，不論在創作上、整個工藝世界，還有日常生活，師傅都有很多讓我敬佩的地方。」

一旁的長野新補充：「阿朋從還是小嬰兒的時候就來過我家，對我來說他就像弟弟一樣，最後真的成了我的師弟。」

其實，江田的父親江田蕙也是長野師傅的弟子。江田家在盂蘭盆節與歲末一定上門拜訪，精鍊時也會來幫忙，兩家人就像親戚一樣，江田從小就很常被帶來長野家。

「不過，以前我從來沒有進過工坊。」江田這麼說。

阿新說：「阿朋在四個兄弟姊妹裡排行老三，姊姊是熱氣球的國手，哥哥是廚師，弟弟在新潟的長岡當金工。我跟阿朋都有選擇職業的自由，但我們就是想走這條路。」

江田說：「小學時我想當消防員或獸醫，但看著默默工作的父親，有時我也會幫他的忙，國中時開始覺得這份工作也滿好的。」

「是的，沒錯。」一旁的江田說道。

我問他，你對「好工作」的想像是什麼？

江田回答：「做一些製作者死後還能留下來的東西，我覺得這一點很有魅力。」

江田在南部鐵器的中心岩手的大學與東京藝大研究所學習鑄造，之所以拜長野師傅

❶江田說：「默默工作的父親看起來很帥氣。」但擔心自己「跟著父親學會偷懶」，因此前來長野工坊學藝。照片中的他正集中精神把砂填進模板中，進行製造鑄具的「粗削」步驟。
❷休息時間，有時三人會討論假日要不要去看展覽。
❸師兄長野新在「粗削」，師弟江田在一旁幫忙。

為師，是因為「跟著父親學會偷懶，我想在外面學」。現今，日本的茶壺師傅中只有寥寥數人不是交貨給批發商，而是在個展上直接販售自己創作的作品。

江田說：「我爸爸恐嚇我，說：『長野師傅很可怕，一定會罵人。』」

「然後呢？」我問。

「師傅確實常常罵我：『（讓作業順暢的）事前準備沒做好』、『搬東西要更小心』，但師傅說的都是事實，我很感謝。」

這並不是表面的漂亮話。江田曾想用髮簪的造型做茶壺的環飾，長野師傅直說：「這根本不是環飾。」極力否定。江田感到疑惑，師傅解釋：「你現在的設計不行，要改成更工藝風格的設計。」江田才恍然大悟。江田說，師傅也曾忍不住對他大聲喝斥。

「師傅什麼時候會大聲喝斥呢？」

「擺放模具時，我的手勢如果不安全，師傅就會生氣。」

我沒有完全聽懂，一旁的長野新用簡單易懂的說法解釋：「鑄造家有自己的正確姿勢，腰要稍微前彎，手的動作也要注意，否則可能會受傷。」

師徒三人的話題，從利休、到吉永小百合

長野師傅的教學方法是「徒弟看著師傅學」，但師傅與師兄都很和善。假日，三人也常一起去美術館或畫廊看展覽。我本來以為這是非常理想的職場，聽到「沒有薪水」之後，大吃一驚。長野師傅和江田都直言「這很正常」。江田從早上九點到傍晚都待在長野工坊，之後再到溫泉打工到深夜賺取生活費，目前他住在離工坊車程十分鐘的公營住宅。

到了休息時間，大家會一起享用師母準備的茶水與點心，稍微歇息一會兒。

這一天，長野師傅開啟了話題：「那篇研究千利休的論文你們看了嗎？我覺得有點不夠嚴謹。」三人討論了一陣子。

「江田啊，你知道吉永小百合嗎？」長野師傅問。

「我只聽過名字。」

「你不知道啊？這讓我太驚訝了。我那個時代很多人都是她的忠實粉絲呢，不過我跟你的年紀幾乎可以當爺孫了，不知道也沒辦法。」

長野新插嘴：「那可不行，吉永小百合是《熔鐵爐小鎮》電影的主角，演的就是

鑄造師傅的女兒，這個業界的人都應該知道她。」

又討論了好一會兒，休息時間結束時，長野師傅說：

「我們是活在現代的人，也是用現代的感性在創造作品，但是，現代到底是什麼呢？要瞭解古典，才能看到現代。」

我想，師傅說的「古典」，包括了古舊的茶壺、彌生時代的歷史、吉永小百合與東洋西洋的一切，從江田看著師傅的眼神中，我看出他與我有同感。

江田朋｜1993 年生於栃木縣。畢業於岩手大學教育學院。東京藝術大學工藝研究所（鑄造）修畢。老家是已經傳承 23 代的伊達藩御用鑄造師。

長野垤志｜1941 年生於東京。父親是人間國寶，初代長野垤志。1970 年參加日本傳統工藝展，之後於日本傳統工藝展、傳統工藝日本金工展、東日本傳統工藝展等展覽接連獲獎。2001 年繼承長野垤志名號。亦致力研究茶壺歷史。

3

佛像雕刻師

師傅＝松本明慶

弟子＝清水明道

「佛陀真的活著。」

「這份工作在百年後仍有貢獻，我覺得這點很有魅力。」

有感情的佛像

京都市西京區大原野的小聚落生著一片廣闊的竹林，這裡就是「松本明慶工坊」的所在地。「慶派」源自鎌倉時代的佛像師傅運慶、快慶，這一派唯一的繼承人松本明慶，也是現今地位最高的佛像師傅，擁有「大佛師」的稱號。松本師傅雕刻佛像已超過五十年，至今完成了許多大至十公尺以上、小至可以放在掌心上的佛像。

我脫下鞋子走入工坊，在舒適的木質香氣中，徒弟們各自待在自己的隔間裡，安靜地用雕刻刀雕劃著木頭。

我被領進「會客室兼藝廊」時，不禁倒吸了一口氣。這裡陳列著約一百五十座雕工比公釐還細緻的佛像，有些優美，有些面容充滿慈悲，有些眉開眼笑，有些面帶憤怒，每一座都非常真實，好像都在對著我傾訴。

「像這尊地藏菩薩，」松本師傅拿起一座手掌大小的地藏菩薩給我看：「你看看祂的眼睛，把祂拿起來看，祂會笑著回看你。從斜上方看，祂又像是在沉思。這一座地藏菩薩像擁有喜怒哀樂所有的情緒。」

我試著從各種角度觀察地藏菩薩的眼睛與眼角，發現果真如此。真是不可思議。那麼，每一座佛像都是按照細緻的設計圖雕出來的嗎？

「不是，佛陀就住在木材裡，當你凝視木塊，自然就會看見佛陀。我在雕佛像時，心裡並沒有想著做出佛陀。而是將木塊上不需要的部分一片一片削除之後，佛陀就在那裡。」

我聽了十分驚訝，松本師傅接著說：「佛陀真的活著。」不是佛祖，而是佛陀。師傅對佛的稱呼也充滿了親愛之情。

「為了不讓木頭感覺痛，我削得動作會很輕。聽說厲害的廚師下刀片魚，魚都不會發現，即使身體只剩下一面放進了魚缸還會游泳。我也是用這麼溫柔的手法雕刻。我聽得到木頭在說：『削掉這裡吧。』手也就自然跟著動作。」

佛陀是「借用人的姿態降生」，因此佛像的肌膚要有人體肌膚的質感，服裝要有服裝的質感，肢體的比例也必須與人體相同。下刀雕刻的次數是以億為單位，到了最後的細雕階段，甚至連木屑都沒有。我愈聽愈覺得真是神乎其技。

將師傅的口傳銘記於心

松本師傅在二戰結束當年出生於京都市左京區。成為佛像雕刻師的原因，是十七歲時失去了小他四歲的弟弟。弟弟有先天性心臟疾病，但並非重病。為了準備進入高中就讀，弟弟接受了治療瓣膜疾病的手術，沒想到卻在手術中命喪黃泉。當他接到通知趕到醫院時，弟弟已經是一具冰冷的遺體。

「如果這個世上有佛陀，為什麼祂沒有幫助我弟弟呢？我無法釋懷。當我回過神來，就發現自己已經完全投入佛像的雕刻。」

松本師傅把發現的漂流木、廢木材等帶回自己的房間，用自己的方式雕刻了兩三百尊佛像。高中的美術老師知道之後，透過京都市立藝術大學校長佐和隆延，將松本師傅引薦給「最後的京都佛師」野崎宗慶。松本師傅在十九歲那年進入野崎大師的門下。

「當時野崎老師已經是高齡，我是前往老師在伏見（京都市伏見區）的宅邸學藝，老師戴著助聽器，不僅教我技術，也傳授了許多心靈層面的訣竅。」

在技術面上，松本師傅專心模仿老師的作品雕刻佛像，在老師協助修改後往下雕刻。在不斷重複的學習過程中，師傅瞭解到一座好佛像的條件，包括：「站姿與動作不能不自然，必須有確定的重心與穩定感」，因此每天回家時，他把自己當天雕刻的佛陀立在電車車廂的角落，看看佛像會不會因為行車震動而倒下。當野崎老師拿著鑿子，分享製作佛像的重要想法時，松本師傅也會認真傾聽，一句話都不會聽漏。

「一片木片可以創造出千年歷史。」

「人擁有只靠視覺的『寫目』，也有用視覺與心一起感受的『觀目』。佛像雕刻師要用『觀目』來雕刻。」

老師的話語意境深遠，其中一個「佛來」的故事，是一休禪師從京都乘船到大阪時與船夫的對話，說的是人有多少發自內心的追求和努力，才能有多少的進步。老師還說：「要有點驕傲，帶著自信前進。」

「在野崎老師去世前的一年八個月，我學到了一輩子受用的知識。」松本師傅說。之後，松本師傅在三十四歲時首次於京都市內的畫廊舉辦個展。三十五歲時獲頒京都佛像雕刻展京都市長獎（之後共獲獎九次）。四十歲時獲得京都府知事獎（之後共獲獎十一次）。後來，負責法國國立吉美亞洲藝術館共一百座佛像的修復工作，十分活躍。目前接受來自日本全國寺院與一般家庭的委託，持續提供佛像作品。

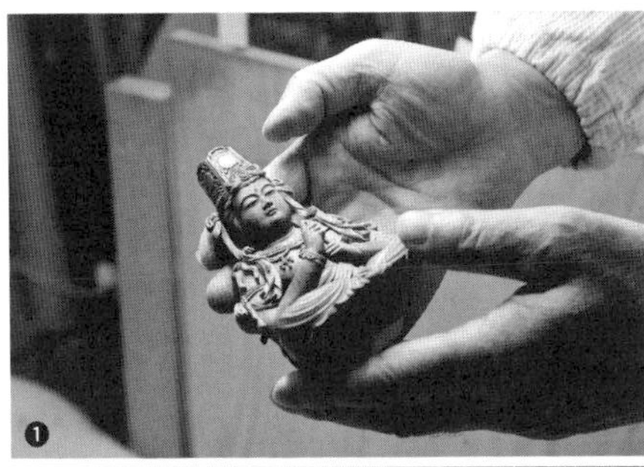

❶掌中大小的佛像。這個作品給人容易親近的印象，帶來療癒與寧靜。

❷照片中巨大的圓型作業場地是松本師傅自己建造的，師傅站在製作中的不動明王前方。

❸藝廊的孔雀明王。精緻的雕工與絢爛的色彩令人屏息。

辭掉一般企業的工作，堅持初心

松本師傅現在有四十位徒弟。師傅明確表示，入門為徒不需要才能，也不需要學識，只需要「拚命努力的心」。「只要看眼睛就知道，『有幹勁』的孩子眼睛會發光，這一位就是。」松本師傅說著，向我介紹正在工坊裡刻一座大約三十公分高佛像的清水明道。

「我入行的原因是在電視上的紀實節目看到師傅，感受到他的威嚴和魄力，便下定決心要追隨師傅。當時還沒有網路，我打了電話之後來到這裡，二十三歲時進入師傅門下。」清水這麼說。

清水不是寺廟子弟，因哲學因素就讀東京的佛教系大學佛學院。當時參加弓道社的指導老師說：「你適合走職人的路。」之所以決定當佛像雕刻師，是因為清水覺得「製作的作品在幾百年後還是有貢獻」這點，很有魅力。中途一度遭到雙親反對，於是他先在東京一般的企業任職，一年後才來到京都，進入松本師傅門下。

——你的手本來就很巧嗎？

「不，我算是笨拙的，所以吃了很多苦。我身邊有些人從十五歲就開始學雕佛像，

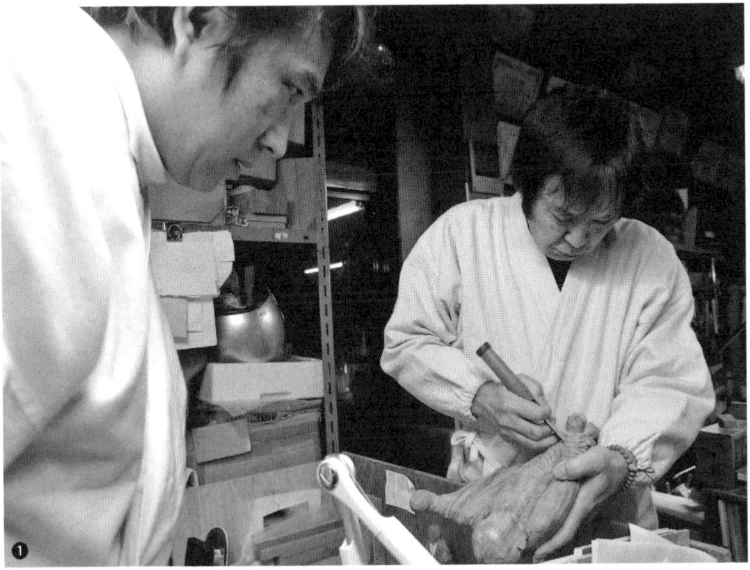

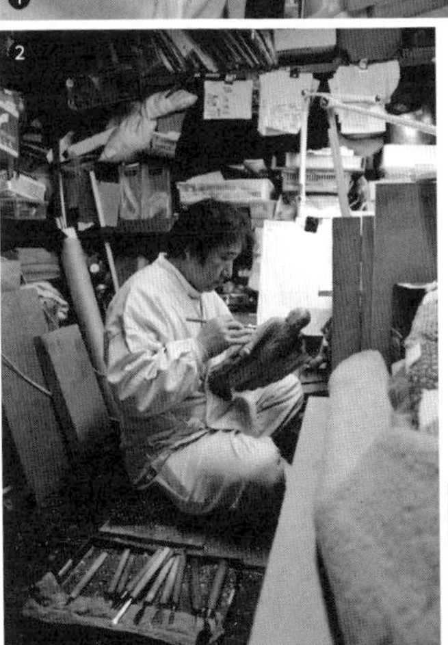

❶在師傅的指導下，佛像瞬間找到明確的重心。要是雕得太過頭就無法恢復原狀。清水說：「我會根據自己的判斷雕刻，注意不要出錯。」

❷坐在工具與資料堆中工作的清水。40位徒弟在工坊的工作空間中默默製作著佛像。

❸松本明慶工坊內的藝廊。這些佛像會送到各地百貨公司舉辦的「松本明慶佛像雕刻展」。

❹松本明慶工坊位於京都大原野，這裡至今還保留著竹林。

我起步比較晚，當時也有點焦急。其實我不太記得細節了。」

二十四年來握著鑿子的徒弟

「不太記得了」的原因，或許是因為每天都非常忙碌。工坊的二樓有宿舍，清水就住在那裡，從早上八點半到晚上十一點，除了吃飯時間之外，他的手一直握著鑿子。

「剛開始的三、四年，我負責雕檯座下的花紋，學會之後就雕檯座的蓮花和光環，開始接觸佛像本身應該是入門的六、七年後。」

清水訥訥地說著，他的眼睛看向剛剛雕的佛像。這尊佛像不是訂製品，雕好後會放在會客室兼藝廊，之後在展覽會上展出。材料是樟木，是一尊左手拿著寶珠，右手持錫杖的地藏菩薩。

「早上師傅提醒我：『要再輕一點』、『要圓潤一點』、『肩線往下雕，露出脖子』。」

原來，佛像雕刻大致分成三個步驟，分別是從木材雕出基礎輪廓的「粗雕」，雕出全身、並調整形貌的「中雕」以及「細雕」。在松本師傅的指導下，弟子們按照自己的能力擔任合適的工作，再由師傅按照順序教學。在我聽聞這裡的工作流程後沒多久，松本師傅便來到清水的身邊。

不斷重複「雕刻」、「師傅修正」的過程

「來，讓我看看。」

松本師傅接過清水正在中雕的地藏菩薩，他拿起鑿子，毫不猶豫地將佛像的腰部一片一片削落。

師傅在示範。他手上的那把鑿子在我眼中看來，就像是松本師傅手指的延長。

「和腰部比起來，大腿太粗了。」

「是……」

「大腿的肌肉削掉以後就會變輕巧。」

「是……」

地藏菩薩回到清水手中時，體型有了明顯的變化。清水會將師傅的指導用圖畫與文字記在學生筆記本上，再繼續雕佛像。

入門當弟子二十四年，清水從松本師傅那裡聽到的口傳多不勝數。「要當個多聞

天」也是其中之一，意思是「要謙虛，要多聽」。清水真摯誠懇的態度，證明他已經把這句話聽進心裡。

「雖然不是花式滑冰選手，但師傅一直都想得到破紀錄、得高分的方法，實在令人欽佩。我是在師傅的薰陶下成長的。」

過了幾秒，清水又說：「我也是師傅的作品。」順帶一提，清水的妻子從前也是松本師傅門下的弟子。

清水明道｜1972 年生於福岡縣。畢業於駒澤大學佛教學院。23 歲成爲松本明慶的弟子，至今已 24 年。

松本明慶｜1945 年生於京都市。19 歲拜京都佛師野崎宗慶爲師，繼承起源自運慶、快慶的「慶派」。1991 年成爲「大佛師」。於京都市經營「松本明慶工坊」。京都市內還有一處松本明慶佛像雕刻美術館，一共展出大約 180 座作品。

4

染織家

師傅＝志村洋子

弟子＝石山香織

「經線是命運，緯線是生活方式。」

「第一次染線時，我感受到生命的誕生。」

在嵯峨的靜謐工坊中

「咔噹咔噹、咔噠咔噠、咔咔……」

織布機不規則的聲音聽來令人身心舒暢。

這裡是位於京都嵯峨的「都機工坊」。房間內有六臺織布機，交由弟子們分別操作。牆邊放著他們手染的各色漸層絲線，掛在織布機上的也是這些線。弟子們在預先排列好的一千一百五十條的經線上，交叉織入一條一條的緯線。

石山香織也是弟子中的一位。她正在進行織整匹布料之前的「試織」步驟，加入紫色、黃色、灰色、白色等緯線之後，編織出的布料帶有雅緻的條紋花樣。志村洋子師傅走到她身邊說：「紫色選深一點的吧。」

「啊，好的。」石山停下織布的動作，望向織布機旁邊超過十種深淺色調不一的紫色絲線。

「我覺得這一種不錯。」志村師傅指著其中一種顏色特別深的暗紫色絲線。師傅對我解釋：「這是用紫草的根，也就是紫根染的。在平安時代是身分高貴的人才會穿戴的顏色。現在日本野生的紫草已經很稀少了，但漢方醫會用它來當藥材。」

「它和白色搭配起來很好看。謝謝您。」石山答道，我看見她立刻將緯線換成深紫色，滿懷喜悅地繼續織下去。

石山說：「洋子師傅既靈活又迅速，真的很厲害。我們都是照著設計圖織布，即使有哪裡織得和師傅想得不一樣，師傅也會告訴我們：『那你試著這樣織看看。』就像在享受意想不到的突發事件一樣，立刻就引導我們織出巧妙運用既有部分的作品。」

志村師傅接著說明：「我們做的是類比型態的作品，正因為技術很簡單，在加入織布者的心思之後才會成為一塊織品。『經線是命運，緯線是生活方式。』」

都機工坊是由大正時代建造的民宅，加上二十年前利用其建材設置的部分組建而成。我看到和室內掛著志村師傅製作的整匹布料，不禁屏息。布的花樣是稍大的格子紋，豐富的色調形成了一個「世界」，無法單以藍色、紫色、粉紅或黃色來形容。這匹布讓我體認到師傅所說的：「經線是命運，緯線是生活方式」、「加入織布者的心思」，這些話是什麼意思。

色彩是生命哲學

志村師傅的外婆是小野豐（一八九五～一九八四），母親是志村福美（一九二四～），一家都是染織家，傳到志村師傅已是第三代。小野女士在大阪就讀女子學校時，接觸過參與女性解放運動的女性團體青鞜社，也因此結識了民藝運動的主導人柳宗悅。後來，小野女士與醫師丈夫在昭和初年於滋賀縣近江八幡，一起創立並經營非制式學校「昭和學園」，廢校後開始從事使用植物染料的染織工作。

福美女士是小野女士的第二個女兒，養父（生父的弟弟）任職於日本郵船，福美女士在養父調派的上海與青島度過多愁善感的青春期，戰後進入文化學院就讀，在東京結婚，三十一歲時回到近江八幡，在母親的指導下開始學習使用植物染料與手捻線織布，後來成為人間國寶。

志村師傅說：「或許大眾會以為染織是日本傳統的技藝，但都機工坊的工作既古老又新潮。我母親年輕時就很喜歡法國電影與法國、俄羅斯的文學，我從小就在自由的風氣中成長。」

志村師傅年輕時對母親的工作並不特別感興趣，三十歲以後才開始覺得染織工作

「很了不起」。這時的志村師傅已婚、生子，與她同世代的人多進入福美女士門下學藝。福美女士尤其致力於按照天體運行與月亮陰晴圓缺進行的「建藍」染法，志村師傅也深深地被她吸引。當時是一九八〇年代前期，正是日本高度經濟成長期，植物染料被逐出人們的視野，人們對自然的看法與大眾重視的事物開始產生變化。

後來，志村師傅與福美女士一起學習奧地利哲學家史坦納的思想。史坦納的色彩論主張「色彩是『光』，是生命的根源」，志村師傅接觸到這些思想與世界各地的色彩論後，思維變得更加敏銳。師傅說：「日本自古以來就主張『色彩』與人的感情，有直接連結的哲學與思想，這些在正倉院花紋、伊勢神宮供品上都可以看到，染織也與它們息息相關。」我這才領悟，剛才師傅所說的「既古老又新潮」，指的就是超越古今與東西。

一九八九年，志村師傅與福美女士一起設立都機工坊。用草木染線，以手工織布，並廣泛接觸文化藝術，以雙軸並行的方式創作融合東洋與西洋的作品，有時也會收徒。在此，我在這裡第一次聽到「Ars Shimura」這間學校。

志村師傅說：「起因是二〇一一年的三一一大地震。當時，我對過度消費的物質文明產生疑問，心想大家只要有一件我們製作的和服也就夠了，甚至產生了停止販售的念

❶把絹線泡在洋蔥皮煮出的染料中，再加上媒染劑穩定顏色後，絹線染上金黃色。石山說：「無論看過幾次，都帶給我靜謐中的感動。」
❷摘下後自然乾燥的植物染料。用它們能染出從深處放出光芒的色彩。
❸志村洋子師傅的手捻線絹織和服，刻意設計成上下不同花紋。圖案與意象來自京都的街道與自然等近在身邊的事物。師傅說：「發現身邊事物的能力，就叫作靈感。」
❹這匹布料呈現的概念是，「加深顏色，深入探究它們的組合，色彩就會開始述說故事。」

頭。今後的時代重要的是自然與人類的共生。我深深感受到自己必須傳承捻線、用草木染色、手工織布、穿上和服、述說這一連串自古以來不斷綿延的生活。Ars Shimura 就是為了完成這件事而設立的組織。」

Ars 是拉丁文的「技術」、「藝術」。Ars Shimura 於二〇一三年在京都開設。分成一週授課四天的正規班，與一週授課一天的學分班。正規班的課程「約有七成是實際操作，三成是教室授課」。教室授課亦有聘請外界專家為講師，授課內容包括：民藝思想、色彩論、美學與美術史、古典文學、時事問題等，十分多采多姿。

在丈夫的鼓勵下拜師學藝

剛才在織布的石山就是 Ars Shimura 正規班的畢業生，她從東京來到京都。那麼，她是怎麼和都機工坊締結緣分的呢？

石山說：「二〇一四年元旦，我剛剛回國就在ＮＨＫ的《日曜美術館》看到洋子師傅的特集，打從心底感到怦然心動。其實我以前的生活跟手工創作一點關係也沒有。」

三十歲那年，石山辭掉貿易工作，伴隨調任國外的丈夫在瑞士與法國各住了一年。

❶織布機前的石山。雖然是照著設計圖織布，但色彩使用的部分是由織布者的感性決定。

❷設計圖。即使是同一張設計圖，不同的織布者會織出不同的氛圍，十分不可思議。

❸手捻製作的絹線，色彩繽紛。

❹設有 6 臺織布機的都機工坊。徒弟們保持著適當的距離。年初大家會一起到附近的釋迦堂參拜，再回到工坊一起玩百人一首。

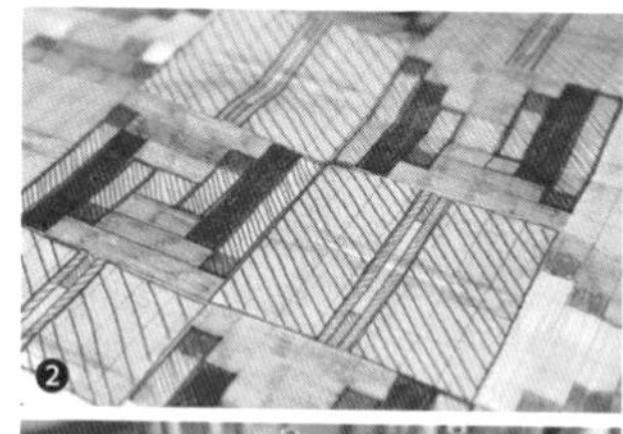

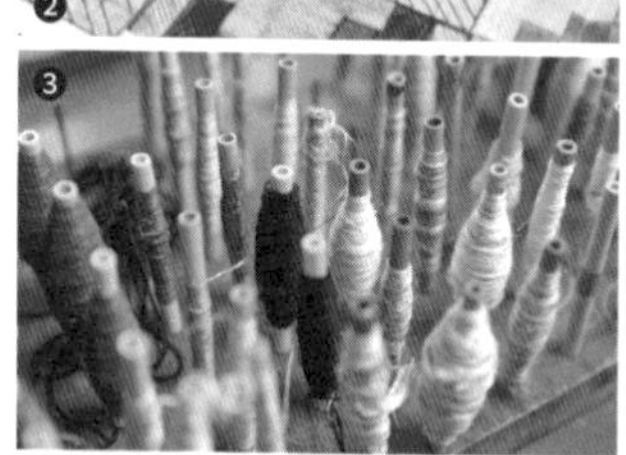

這段期間，許多不同國籍的人都問過石山：「日本是什麼樣的國家？」這個問題石山「實在答不出來」。這兩個國家悠閒的時間感與她的個性很合拍。當她「帶著負面情緒」回國後不到一個月，偶然在電視上看到《日曜美術館》這個節目。那麼，她說的「怦然心動」又是什麼樣的感覺？

「節目拍到都機工坊，山靄從山上升起的那一幕讓我如癡如醉，日本真的很美。福美師傅說：『從植物取得生命。』這句話也深深打動了我。四季分明，氣候豐潤，因此形成纖細又豐富的色彩文化，我想這就是日本。」

石山迫不及待翻開福美女士的作品集，也拜讀了福美女士的著作，之後又前往京都、岡崎的藝廊參觀作品。作品中的紅色深深吸引了她。福美女士在著作中說過：「蘇枋染料是女人的心，是感情的顏色。茜紅，是紮根於大地的母性之色。紅花，是純潔少女的色彩。當它們染在絲線上，便會昇華。」石山看了心有所感，在她眼中這些色彩的存在感極為鮮活，就像擁有生命一樣，或許也是因為當時石山對於自己身為女人應該如何生活而苦惱。後來她看了洋子師傅的作品集《OPERA》，在作品中發現了一個激發想像力的世界，深受衝擊。一段時間之後，石山參加了染色工作坊，她是如此形容當時第一次體驗染色的心得：

「把絹質的披肩放進裝了梔子花染料的大鍋裡，看著它在水中漂動，覺得它似乎很舒服。」

石山在二〇一五年四月一個人搬到京都，進入Ars Shimura學習。當時石山不經意說出：「學校在京都，我實在沒辦法。」丈夫問她：「那你要放棄嗎？」石山突然看清了眼前的路。是丈夫在背後推了她一把。

想像與靈感

「第一堂課，我摘了野草染在絲線上，絲線乍然現出水嫩的黃綠色時，野草的生命就結束了，但我在染色時，自然地感覺到『這是生命的誕生』。藍染的染料在手上的觸感就像是生物一樣，絞染時每個瞬間會不斷地變化，一會兒變成寶石綠，一會兒又變成藍色，非常神祕。」

石山回憶學習的過程，實作讓她感到喜悅。在志村師傅的教導下，她用頭腦、五感與身體作業，加上進入陌生領域的理論教學課程。這一年對她而言，就像是砂地吸收水分一樣充實。畢業後，許多同學的目標是獨立成為染織作家，或是以染織為興趣。石山則在進入「atelier shimura」品牌後成為都機工坊的一員，她想繼續深入學習福美女士與志村師傅的創作世界。

工坊的師徒關係十分柔軟。每天早上的晨會，志村師傅會提出電影、文學作品、時事問題等各種話題。師傅直言：「從前那種新入門弟子要負責掃地的規定沒有意義。」會議上她會鼓勵每個人發言，對於紡、染、織等工作，志村師傅也會按照每位弟子的喜好與能力給予建議。

「師傅常說，如果要深入創作，不僅需要想像力，靈感也很重要。我也希望自己能在擁有靈感的狀態下更上一層樓。」

在陽臺栽種蔬菜，觀賞庭園的草木，一起去神社寺廟參拜，都機工坊的「戶外教學」，一定也能幫助石山「更上一層樓」。

石山香織｜1981 年生於茨城縣。曾於貿易公司工作，後跟隨派駐海外的丈夫在瑞士與法國生活。回國後於 2015 年進入 Ars Shimura 就讀，畢業後進入「atelier shimura」品牌，後成爲都機工坊的一員。

志村洋子｜1949 年生於東京都。30 歲與母親志村福美同樣進入染織的世界。1989 年建立都機工坊。著有：《色彩這種奇蹟》、作品集《志村之色》等。2013 年創立藝術學校「Ars Shimura」。

5

泥水師傅

師傅 ‖ 田中昭義

弟子 ‖ 吉永眞美

「我想把職人的生活方式也傳承給後進。」

「入了這行，就不能半吊子。」

使用傳統工法的現場

這天的採訪現場是京都市北區一處閒靜的住宅地。這是一間正在修整的民宅，建造於昭和初年，從前是花道教室。院子裡有一條與別館往來的小路，約十米長，一位年輕的女性在這裡專心塗抹著牆壁。

今天是隆冬中的陰天，這位女性只穿著一件薄薄的防風外套，我甚至看見她的額角滲出汗水。她用鏝刀沾取左手上的泥土塗料，在牆上一層又一層地薄塗。這是一面泥土牆，帶有少許的淺綠與淺黃色，而正在塗牆的她——吉永真美全神貫注，氣勢驚人。

師傅田中昭義告訴我，這原本是一座灰泥牆，因年久劣化發黑，客戶希望重新將它漆上自然素材的有色塗料。有色塗料按照其成分中的鐵質與腐植質，而分為褐、紅、藍、偏黑、偏白等顏色，吉永現在使用的是「淺黃大津」色。

「淺黃」指的是淡淡的黃色和淺綠色。「大津」則是發源自滋賀縣大津的技術，在泥土中加入石灰與麻刀為塗料，用鏝刀多次壓著塗抹，能讓牆面如同肌膚一般細緻。這面牆必須將原本的灰泥剝除後，才能塗上新的塗料。塗抹新的塗料時，大致上分成：底塗、中塗、面塗三個階段，今天進行的是中塗。

「她是打從心底想做這份工作才來我這裡的。今年是第一年，她真的非常努力。」

田中師傅瞇起眼睛微笑，他自己也拿起了鏝刀。

「這裡要這樣塗。」

師傅把鏝刀放在柱子側邊，從上到下塗成一直線，連一公釐也沒有往外偏。我忍不住問：「您剛剛是有憋氣嗎？」師傅笑著回答：「不，我有呼吸喔。」師傅又說：「鏝刀若能保持一直線，刷起來就是有些不同，這是我的堅持之一。」之後，師傅用鏝刀在牆角仔細地按壓塗抹。

吉永緊盯著師傅塗牆的技術，看得十分專注。

「好好的壓緊，牆面就不容易剝落。」

師傅說這句話時，吉永也是一副絕對不會聽漏的表情。她說，休息時會寫筆記，她從口袋裡掏出一本小筆記給我看，裡頭用整齊的小字寫滿了在現場學到的各種知識。

對職人氣質深深著迷

田中師傅是自立門戶十四年的京都泥水師傅。承接的案件十分多樣化，包括：神社佛寺、古城、文化設施、古民家、茶室、迎賓館、別墅與商業設施。

吉永正在工作的這條小路由側面連接正玄關。正玄關已經完工，師傅替我打開木門，我忍不住發出「哇」的驚嘆聲。既不是茶色也不是灰色，色彩溫潤的聚樂牆，加上略帶些茶色的三和土（譯註：混和三種以上材料製成的建築用土壤）。這是田中師傅佈置出的小宇宙，清新而充滿力量。

「我希望用古早的材料、工具與技術，以延續時代的方法，繼承在歷史與風土中滋養的『京都手塗牆』。」

田中師傅直爽地說。首先，我想知道師傅一路走來的歷程。

師傅的父親也是泥水匠，他從小看著父親當「大工頭」的模樣長大，也看到了自己的未來。大學畢業時，父親卻突然說：「你不用做這行。」當時已經是經濟泡沫化時期，需要細緻技術的案件大幅減少，泥水匠業界進入蕭條期。父親也是因此才給予兒子忠告。後來他終於妥協，告訴兒子：「如果你無論如何都想進這行，就依照你自己的判斷吧。」之後，田中師傅進入京都市內其他的泥水師傅的門下當學徒。

「說實話，我對泥水匠這份工作沒什麼執著，是因為當時待的地方技術高超，師傅們又充滿職人氣概，我才深受吸引。」

幸運的是，師傅學藝的工程行主要承包日式茶室與傳統文化財等建築物的土牆，有七、八個技術高超的前輩。剛開始當學徒時，田中師傅被交代的工作是打掃工具間，接著是「篩麻刀」。麻刀是切成細片的稻草或麻，加在牆土中可以防止龜裂。篩麻刀則是將切碎的麻刀過篩，除去混在裡面的蟲子。每天都重複一樣的工作，找到的蟲大約只有五隻。接著是製作麻束（為了增加強度而在牆壁內部放入晒乾的麻束）。這些工作十分令人厭煩，但師傅話鋒一轉，提到有一天他送前輩去工作時，看到京都市中京區俵屋旅館的一面牆，它的美令人不禁感動落淚。

到了第三年，田中師傅總算獲准拿鏝刀，可以親身感覺到它的沉重。這是物理的重量、加上自己終於正式踏上職人之路的心情，所組成的沉重感。尋找適合牆面的土，將它篩細，加入品質與長度都很講究的麻刀，加水攪拌使其發酵，以適當的比例調入石灰等材料。從調製塗料開始，使用古早的硬鏝刀進行數道塗抹作業。這種十分麻煩的「古老傳統技法」，才是打造出強韌、美觀牆壁的關鍵。在每天不斷深入的學習中，田中師傅也注意到資深前輩們的職人氣質。

「在外地出差時，前輩說：『我哥病危了。』我說：『那我立刻送你去車站。』但前輩拒絕了，說明天塗完牆才要回去。」

❶田中師傅致力於讓誕生於京都的「京壁」技術，作爲與生活密切相關的事物傳承下去。田中昭義泥水公司共有 7 名員工。
❷進公司之後不久，就會收到師傅送的一組工具。
❸吉永說：「師傅的建議總是一針見血。」

「高齡的前輩發現自己視力變差，很難再做面塗等精細工作，他便主動請工頭調降自己的薪水，還在做完那件工作後，自行離職。」

田中師傅獨立開業後，幫助他工作的父親罹患了癌症。聽到醫師宣告來日無多時，父親仍若無其事地默默工作，住院的前一天，父親還將自己的工作環境每個角落都打掃乾淨，工具也打磨好。田中師傅說：「我想把父親這股充滿職人責任感和驕傲的生活方式，也傳承給後進。」

從女高中生、到成為泥水師傅

田中師傅現在有四名弟子。吉永是最晚入門，也是最年輕的一個，還是唯一的女性。為什麼她會選擇成為一名泥水師傅呢？

「我的老家在愛知縣，國中時學校改建，原本髒亂的廁所變得非常漂亮，讓人連去上廁所都心懷期待。我發現，改建可以連人心都改變，因此對裝潢產生興趣。高中有一堂『思考未來出路』的課，我查了裝潢相關工作，發現有泥水師傅這種職業，當下覺得『這就是我想做的事』。」

❶❷❸「『塗牆』是在牆面上以泥土等材料進行底塗、中塗、面塗等，多次塗抹後完成的牆壁。最後以土完成面塗的是『土牆』，以灰泥完成面塗的則是『灰泥牆』」這是田中昭義泥水公司網站上的內容。吉永閱讀網站上的文字無數次，讀到幾乎可以完整背出來後，才進入這間公司工作。這天她在牆壁四周補強邊角，這是她第一次在現場做這項工作。平常吉永一週會去兩次泥水學校學習技術。

吉永在網路上搜尋，看了幾個泥水公司的網站，其中最讓她心動的就是田中昭義泥水公司的網頁。「傳統的繼承與傳承」這句文字，讓她感覺到了柔軟，而不是「高壓」。高中三年級那年夏天，吉永第一次來到公司參觀，對於倉庫裡放著泥土、水泥與梯子的景象印象深刻，但她實在太過緊張，什麼問題也沒問。後來，師傅帶她到正在整修的大樓與樣品屋等兩個現場參觀，吉永還是非常緊張，直到最後她終於鼓起勇氣，請師傅收她為徒。

進公司第二週就收到師傅送的鏝刀

高中畢業典禮結束沒多久，吉永上了駕訓班，拿到通勤所需的機車駕照。她還租了一個人居住的公寓，搬到連一個朋友也沒有的京都。

七點前要進公司，和田中師傅二十五年前當學徒時一樣，徒弟剛入門就得打掃、篩土、篩麻刀、搬東西，但現在不是「每天都做這些」了。第二週就會教製作材料，也會送給新弟子一把鏝刀。田中師傅想出了一套方法，提高弟子的工作熱情、同時教導技能。吉永連一分鐘也不想浪費，她總是在公司架設的板子上練習塗牆。進公司第三週，前輩就帶著她到作業現場。

「第一個工作現場是修整寺院的牆壁，前輩們讓我用刮刀刮掉舊的牆面，我一邊想著要把籃子放在哪裡才方便前輩們工作，一邊打掃、維護環境。」

來自前輩們的指示慢慢增加，前輩也常常教導吉永：「鏝刀要直拿」、「不是鏝刀在動，是材料在動」。田中師傅說：「大家都會特別親切地教導吉永，她進來以後，公司的氣氛都不一樣了。」到了年底，吉永終於獲准塗牆面，採訪當天是她第三次在工作現場使用鏝刀。

「傍晚大家會從各個現場回到公司，每天都會一起開個小會議分享工作進度。一人要報告一句當天工作的狀況，吉永說的都很一針見血。」

田中師傅這麼說，吉永聽了只說：「哪有啦，師傅。」她瞬間變回了十九歲青少女的語氣。

我問吉永，最近在公司的會議裡說了些什麼？

「像是『在茶室養護椅子時，和前輩配合得不好，拖累了大家。』還有『貼磁磚時接縫處很難處理，表現得不好。』等等。」

我又問吉永，沒有想過辭掉這份工作嗎？

她回答：「一次也沒有。我一直在反省。至今最大的失敗是去年夏天的中暑。頭頂著大太陽工作時，我一直在忍耐，結果手腳發冷全身發抖。前輩們讓我躺在開著冷氣的車子裡休息，最後狀況才好轉。如果不要忍耐，早點說出我不舒服，就不會那麼嚴重了，這是我的疏忽。」

這樣的精神真是令人敬佩。師傅以溫暖呈現出火熱的志向，弟子同時學習了技術與豐富的感受性。我非常期待看到吉永將來親手完成的「京都手工牆」。

吉永眞美｜2000 年生於愛知縣。2019 年 3 月高中畢業，4 月進入田中昭義泥水公司。一週有 2 天在京都府泥水技能專修學院進修。

田中昭義｜1973 年生於京都市。大學畢業後，於「佐藤泥水工業所」學藝 10 年後獨立開業。2015 年成立法人公司。代表作是大阪府堺市「堺利晶之杜」博物館內國寶茶室「待庵」的重現工程。

6

刀匠

師傅＝吉原義人

弟子＝羽岡慎仁

「我不會留一手，我可不是小氣鬼。」

「我的目標是打造出『華麗又高雅的刀』。」

與真刀的邂逅

這天的訪談地點是吉原師傅家裡的客廳。採訪到一半，師傅突然問我：

「你要看看我的刀嗎？」

接著，他便輕鬆地從木盒裡取出刀。刀一出鞘。便嚇了我一跳。

我的眼前是一把刃長約八十公分的刀，出鞘當下，現場的空氣便緊繃了起來，我也忍不住坐直了身體。那把刀的刀身極亮，呈現柔和的弧度。

「要不要拿拿看？」

「咦，可以嗎？」

「請。」

我緊張地兩手握住刀柄，這把刀相當沉重。我腹部用力，把刀朝前舉起，窗邊的光線照在刀身上，光彩奪目。

「看起來很銳利。」

「當然。它很漂亮吧？刃紋很華麗。」

它的造型真的很美。仔細觀察刀身，可以看到表面的波浪紋路——刃紋，充滿了躍動的美感。這種花紋像是植物的丁香，因此命名為「丁香亂紋」，只要稍微移動，刀上的光彩就會不斷的變化。

我驚豔於它凜然的氣質與純粹的美。日本刀能夠滿足「不折、不彎、銳利」這三個原本無法相容的條件，靠的就是自古傳承的技藝。這把刀是海外粉絲的訂製品，師傅能讓我拿起這把貴重的刀，真是不勝感激。當我表達謝意時，師傅莞爾一笑，說道：

「我可不是小氣鬼。」

以上，是我想先跟各位分享的取材小插曲。

吉原義人師傅是日本極具代表性的刀匠之一。師傅的家族從祖父、父親開始鍛刀，目前已經是第三代刀匠，也有進行刀劍的研究。

「刀是武士的心靈護符。」

像我這樣的外行人，聽到日本刀，腦中浮現的通常是江戶時代歷史劇的打鬥場景。然而，日本刀作為武器使用，其實早在戰國時代鐵砲傳入日本之前。之後，戰爭的武器都是鐵砲。吉原師傅說，日本刀是在情況危急時使用，也是武士道精神的依歸。

熬過刀劍乏人問津的時代

「我的祖先是江戶時代筑波山（茨城縣）山腳的鍛冶師。生於明治時代的祖父來到了東京，成為有名的刀具鍛冶師傅。祖父想繼續挑戰刀具鍛冶的最高峰日本刀鍛冶。當時是昭和初年，軍國主義盛行，日本刀重新受到重視。祖父在刀劍界也成了有名的師傅。」

明治初期發布廢刀令後，日本刀一度從舞台上消失，其後隨著昭和初期的軍國主義再度復興。與江戶時期相同，當時的日本刀依然是男人心靈的依歸。吉原師傅的祖父就是當時十分活躍的鍛刀師傅。然而，二戰日本戰敗後，駐日盟軍總司令禁止打造日本刀，祖父的鍛刀工坊也被迫改為製作工具的鐵工舖。到了一九五三年，舊金山和約生效的隔年，日本刀作為美術品獲准鍛造，祖父再度活躍起來，他在鐵工舖的一角重新開始鍛造刀劍。

「那時我是小學四、五年級生，祖父每天都對著爐膛吹風箱，溫度超過一千三百度，鋼就會發出咕滋咕滋的聲音。聽起來就像是用鐵壺燒開水，非常好聽。當年我還是小孩子，不知道為什麼就是非常喜歡那種聲音……」

日本刀的原料，是日本自古以礦砂精鍊出的鋼鐵，名為「玉鋼」。製刀必須將玉鋼敲打成薄片，分成一小片一小片。風箱是一種形似直笛的送風器具。鍛刀時必須在爐膛放入許多鋼片，加熱直到這些鋼片融成一整塊，接著再吹風箱。「咕滋咕滋」則是鋼中含有的碳等雜質熔解流出的聲音。刀匠仔細傾聽這種聲音，並再將鋼片從爐膛取出，反覆折疊鍛打十次以上，這是非常重要的鍛刀步驟。

吉原師傅少年時，便是坐在祖父身邊吹風箱。純鋼的熔點是一千五百三十八度，含有雜質的鋼熔點較低。溫度過高時，鋼片會燒起來。鍛刀師傅必須憑經驗與直覺，把溫度提高到接近熔點又不至於燃燒。祖父會教他如何掌握訣竅。吉原師傅便是看著祖父的背影，學會了鍛造的所有工法。師傅說：「不知不覺間，刀在我心裡已經無可替代。」

吉原師傅一心一意投入鍛刀，至今已有五十四年。他年輕時常去收藏大量名刀的東京國立博物館，學習古典技術，再應用於實作。在鍛刀業界，嘗試錯誤後獲得的製刀技術不傳予外人，但師傅本著「推廣日本刀文化」的精神，從不吝惜公開技術。目前，由師傅詳述製刀技術的書籍已在中國、法國、德國等出版。這也就是師傅所說的「我可不是小氣鬼」。那麼，師傅對弟子也是一樣大方吧。

❶正在檢查刃紋的吉原師傅。光線照射的角度會讓鋼面浮出纖細的花紋。
❷吉原師傅費心探究的丁香亂紋，十分華麗。
❸玉鋼含有的碳量會使其硬度與質感產生落差。斷面的型態、顏色、粒子細度也會有所差異，需要長年的經驗才能判斷。
❹折疊鍛打碳量少的鋼，製作芯鐵。

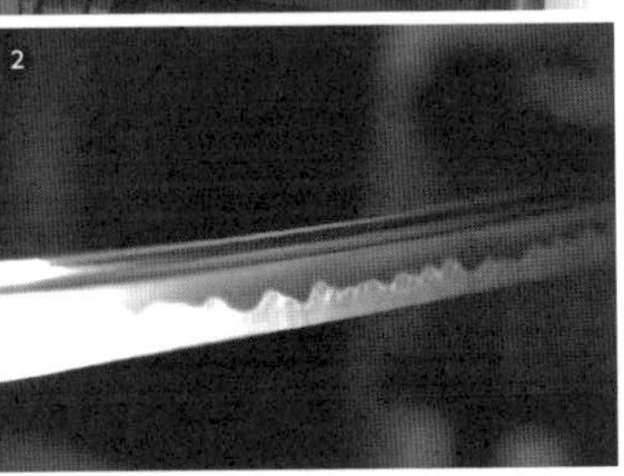

火花飛濺的「鍛坯」步驟

在老舊的鍛造工坊裡，入門十二年的羽岡慎仁正默默地面向爐膛。羽岡現在進行的是「鍛坯」。以前文提到的「折疊鍛打」製作出「皮鐵」，另外再以含碳量少的鋼製作「芯鐵」。用皮鐵以U字形包裹芯鐵、組合在一起的步驟，稱為「包鋼」。「鍛坯」則是在包鋼後高溫加熱鋼條，並將其敲打成平整的長棒狀。

羽岡吹著風箱，發出呼呼的聲音，他的眼睛凝視著燃燒著松炭的爐膛。空氣的流動改變了，火焰比剛剛搖晃得更劇烈，呼呼聲變得更響。羽岡用一雙長長的鐵筷子夾住四、五十公分長、燒得赤紅的棒狀鋼條（包鋼後的鋼條），快速將其取出，扔在一旁的檯子上，接著立刻用鎚子反覆地用力敲打。現場火花飛濺，魄力十足，令人無法輕易搭話。我在一旁安靜地觀看了一陣子，這才提出疑問。

——你敲得好用力。

「是。一定要把鋼條敲得像仙貝一樣扁才行。我總是一邊敲打，一邊思考下一槌要打在哪裡。」

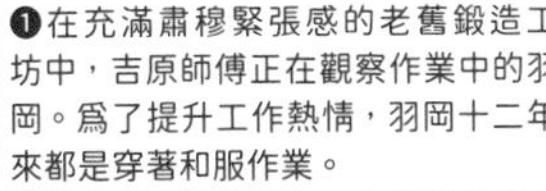

❶在充滿肅穆緊張感的老舊鍛造工坊中，吉原師傅正在觀察作業中的羽岡。爲了提升工作熱情，羽岡十二年來都是穿著和服作業。
❷❸❹羽岡吹著風箱，在熊熊火焰中打鐵，逐步調整刀身的造型。

——打在哪裡很重要嗎？

「打的位置是最重要的。要用目視觀察，把每一處都調整到同等的厚度，這樣看起來才會漂亮。」

——吹爐膛的風箱很大呢。

「大概有四尺（約一百二十公分），寬度是一尺三寸（約四十公分），是狸貓的皮做的。」

我似乎都沒有問到重點，實在很抱歉。我第一次從年輕人口中聽到「尺」、「寸」這種古老的單位量詞，聽來十分悅耳。

先下手為強的師徒關係

羽岡入門為徒的故事要從這裡說起。

「高中時，我看到電視節目《街道天國》介紹這間鍛造工坊，沒想到離我家這麼近的地方，還有人做這麼古老的工作，我很驚訝，覺得真是太帥氣了。」

羽岡家距離工坊約兩公里，父親是木工。羽岡就讀工業高中建築科，但其實他不喜歡爬高，覺得自己應該不適合當木工。比起刀劍本身，羽岡對手工製造更感興趣。當羽岡實際前往他在網路上搜尋找到的刀劍博物館（東京都墨田區），第一次看到真刀時，他的心情十分激動。之後，他搜尋了刀劍的製作方法，對步驟繁多的手工作業產生興趣，也開始思考如何入門拜師。羽岡笑著說：「高中畢業的那年春天，我想了又想，一通電話也沒打就騎著腳踏車到師傅家，師傅剛好人在院子裡，我一開口就請師傅收我為徒，師傅說：『你先打通電話再過來。』我就真的從頭再來了一遍。」

羽岡入門時有四位師兄。雖然沒有人這麼交代，但羽岡剛入門時總是早上八點半就第一個到，他先打掃環境，整理工具，方便師傅與師兄工作。羽岡的第一份作業，是用柴刀把木炭切成三公分的正方形。

這份工作完全沒有薪水，學習鍛冶是一條艱辛的路，有一句俗話說：「切炭三年，幫鍾五年，燒鐵一生。」羽岡卻說：「在刀劍的世界沒有薪水是很正常的。我晚上會去便利商店打工，所以沒關係。」他回想起過往，又說：「師傅人很好，總是對我說：『工作不做就無法學會，多做才會多學。』」或許是因為吉原師傅的教學方式融合了「看著師傅的背影學習」與「勇敢嘗試」兩者的優點，五年後，羽岡一次就考取了日本文化廳的刀匠執照。

羽岡已經在公益財團法人日本美術刀劍保存協會，所主辦的「現代刀職展（之前的新作名刀展）」獲得四次努力獎。不過，刀劍業界十分嚴格，沒有取得更高的獎項，難以獲得客戶的青睞。羽岡也十分自律，認為自己「還沒到能出師的境界」。

羽岡說，他的目標是「打造出華麗又高雅的刀」。不過，「華麗」與「高雅」無法以數值計算，也無法化為言語，是專屬於手工藝術界的特質。

「師傅對『造型』的品味太厲害了，現在我在鍛打時，師傅還是會建議我『這裡再敲掉一點』。我聽了師傅的意見，刃身的造型就不一樣了，有時甚至跟之前完全不同。真的太厲害了。」

羽岡對吉原師傅的尊敬溢於言表。

羽岡慎仁｜1989 年生於東京。18 歲時拜吉原義人為師。經過 5 年修行，修畢文化廳主辦的美術刀劍刀匠保存研修會，2013 年取得鍛刀許可。2016 年開始在現代刀職展獲獎 4 次。

吉原義人｜1943 年生於東京。1965 年（22 歲時）成為文化廳認可的刀匠。1973 年獲得初代高松宮賞。1982 年獲頒刀匠最高榮譽「無鑑查」。在海外亦有好評，大都會藝術博物館、波士頓美術館等均有收藏其作品。

7

江戶切子玻璃職人

師傅＝堀口徹

弟子＝三澤世奈

「設計必須出人意料。」

「我原本想當美甲師，師傅的玻璃讓我改變志向。」

江戶切子玻璃是「令人驚豔」的玻璃加工技術

有形似一筆畫的簡單花樣，也有富於裝飾性的緻密花紋。「堀口切子」位於東京都江戶川區，工坊陳列著各種玻璃製品，黃、綠、紫等各色的清酒杯、玻璃杯、茶器等。我以為所謂的江戶切子玻璃，指的是幾何圖案的紅色或藍色玻璃杯，但事實並非如此。

「江戶切子是一種讓使用者驚豔、著迷的玻璃加工藝術。」

堀口徹師傅的口氣十分篤定。但我不瞭解他的意思，於是師傅從頭開始說明。

江戶切子玻璃的起源其實出乎意料地來自近代，約於一百八十年前，江戶時代後期，日本橋大傳馬町的玻璃店店主嘗試在玻璃表面雕刻，這便是後來江戶切子玻璃的始祖。現在使用的切割技法，則是明治時期的英國人傳來日本。

江戶切子玻璃於江東區、墨田區等東京東部地區製造，爾後成為庶民愛用的日用器具，過去有很長一段時間，大眾將江戶切子玻璃簡稱為「切子」。一九八五年獲指定為東京都傳統工藝品時，正式命名為「江戶切子」。

二〇〇二年，江戶切子玻璃獲選為日本國傳統工藝品。

傳統花紋與新潮圖樣

業界團體江戶雕花玻璃協同組合（江東區），所制定的江戶切子玻璃條件十分籠統，共有四項：「玻璃製、手工業、主要使用滾輪製作、於關東一帶生產。」現在，江戶切子玻璃共有一百位師傅，年齡分佈從二十多歲到八十多歲。其中，七十至八十多歲的師傅認為，「傳統花紋才算是江戶切子玻璃。」年輕的師傅則認為，「傳統花紋以外的圖樣也是江戶切子玻璃。」世代的差距也影響了師傅們對江戶切子玻璃的定義。

「以三十年到五十年為一個週期，古典花紋與新潮圖樣會不斷交替流行。」

堀口師傅展示了雕有菊花、矢來與竹葉等花紋的玻璃杯給我看，「這些就是很有江戶切子風格的作品。」接著他又拿出型錄，翻至頁面上印有幾種裝飾藝術風格的新潮玻璃杯。

「這些也是江戶切子玻璃。這是融合東洋與西洋大正浪漫時代的作品。師傅們會打開天線，吸收當時人們喜歡的設計，做成玻璃的雕花圖樣，因此才能一直讓使用者驚豔、著迷。」堀口師傅說到這裡，又回到了剛剛的「江戶切子玻璃定義」。

聽到這裡時，光線偶然從「堀口切子」工坊的前方照進來，眼前的玻璃容器花紋閃閃發光。在光線照射下，花紋較多的作品，紋樣看起來是實際的好幾倍，花紋較少的作品則顯現出銳利的陰影。如果容器中盛裝了液體，想必會反射出更華麗的光芒，想到這裡，我不由得雀躍了起來。

不當經營者，想待在作業現場

堀口師傅是「秀石」名號的現任持有者。初代「秀石」是堀口師傅的祖父，生於一九一二年（大正元年）的堀口市雄。祖父從群馬來到東京，一九二二年，虛歲才十歲的祖父開始跟隨業界頂尖的師傅學藝，後來成為一名傑出的江戶切子職人。祖父創意十足，戰後在江東區設立堀口硝子加工所（後來的株式會社堀口硝子），一九六一年開始以名號自稱，藉此設立品牌。堀口的父親繼承了祖父的公司，堀口師傅則在一九九九年大學畢業時進入公司，那是他踏出進入業界的第一步。

師傅說，「小時候我就喜歡做手工，也對職人工作隱隱約約有點嚮往。」

姑公須田富雄繼承了「二代秀石」的名號，堀口師傅拜姑公為師，從零開始學習切子玻璃。姑公說：「職人會注意細節，但重要的是退一步觀察作品的整體樣貌。」這句話深深打動了堀口師傅的心。除此之外，他本來就很有好奇心，經常自行查閱文獻，深入瞭解江戶切子的歷史。

「昭和後期是古典花紋的全盛期，進入平成年代就漸漸變成古典與新潮圖樣的融合。整體的構圖偏向新潮，細節則使用古典花紋來設計。我剛好是在那個流行的折返點進入業界的。」

設計基本圖樣，在玻璃表面畫上點與線作為切割基準。大幅切削出基本圖樣，再細雕出花紋細節，打磨切割面。堀口師傅對每一個步驟都非常投入。不過，這畢竟是只有十五名員工的公司，年輕員工必須負責管理、配送商品、使用電腦，花費在製作切子玻璃的時間便十分有限。

「我漸漸地感到焦躁。如果三十幾歲的時間就這樣度過，就太糟糕了。切子玻璃的工作需要視力和體力。在這兩種能力衰退之前，我一定得專心創作。」

二〇〇八年，堀口師傅在三十二歲時繼承「三代秀石」的名號，獨立創設「堀口切子」。剛開始，公司借用堀口硝子的空間工作，堀口師傅盡情發揮了自己的感性，參考波西米亞玻璃與有田燒等作品風格創作，也將「矢來圖樣」（是驅邪的花紋）、「菊花紋」（取其「菊＝喜久」的同音，是祈願長久喜樂的圖樣）等古典花紋中帶有的寓意，

❶堀口師傅的作品《今昔揃》，切割面會像萬花筒一樣反射光線。
❷纖細的切割作業。身體的姿態全反映在切割上。三澤接受堀口師傅的指導，他的目標是「全部模仿師傅的動作」。
❸（右起兩件）堀口師傅製作的清酒杯與茶器。幾何圖樣的切割帶有現代感。（左起兩件）三澤的品牌「SENA MISAWA」的產品，清淡的粉彩色清酒杯。
❹面對切割機的三澤與看著她作業的堀口師傅。三澤一開始很怕堀口師傅，不敢跟他說話，現在已是可以交換意見的「同志」。

更明顯地以視覺傳達，成為活躍的切子玻璃職人。我問堀口師傅，你的創作信念是什麼？堀口師傅立刻回答：

「做出出人意料的作品，超越客戶的想像。」

除了切割面的美之外，堀口師傅還默默加入了許多客戶想不到的心思。例如，拿起杯子時，重量會自然地落在指腹上，給人舒服的觸感。

總是有人識貨。堀口切子接到了來自飯店、餐廳、百貨公司的訂單，這是絕佳的起跑點。「尊敬古典形式，同時又具有個性。」堀口師傅的作品陸續受到大眾的關注，伊勢丹的花呢格玻璃杯、麗思卡爾頓酒店的照明，都是出自堀口師傅之手。獨立開業六年後，堀口師傅設立了約三十坪的工坊。

來自美甲界

「我大學讀行銷，大三時在網路上看到師傅的作品，對它精緻的美一見鍾情，就聯絡了師傅，拜託他收我當徒弟。」大弟子三澤世奈說。

這可不是大學生的一時興起。其實，三澤在入門當徒弟之前有一段精彩的故事。她

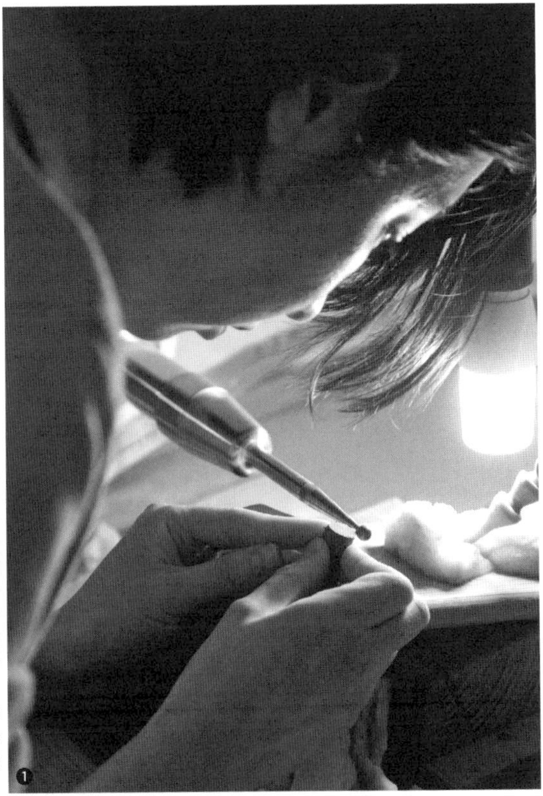

❶❸三澤正在進行精細度不到一公釐的切割作業。她說：「有趣與痛苦是一起發生的。我想追求的事物沒有止境，我認爲這就是它的意義。在有限的時間裡要做到最好，有時我會想，如果有更多時間我會做得更好，有時也會想，如果我技術比現在更好，就不用花這麼多時間了。」

❷進行切割作業的堀口師傅。師徒都在同一個工坊裡，但彼此只有最小限度的對話。

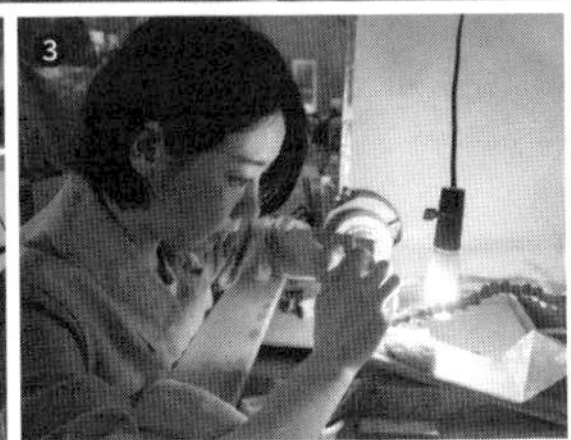

小時候就喜歡手工藝，曾經對貼滿裝飾的手機很著迷，因此決定成為美甲師，大學就讀行銷系也是因為「想擁有自己的美甲沙龍」。然而，後來三澤發現「美甲師的職業壽命很短」，不久後她就看到了堀口師傅的切子玻璃作品。

「那時候師傅答應和我見面，但他說：『我才剛剛獨立，沒有收徒弟的打算。』很乾脆地拒絕了我的請求。」

堀口師傅也對三澤說，想當切子玻璃師傅可沒這麼簡單。三澤暫時放棄，進入美甲材料批發公司工作，後來也成為美甲師，但是她始終沒有真的放棄夢想，時常瀏覽堀口切子的網站。兩年後，三澤發現網站上刊登了「招募員工」的徵人啟事。

「沒有薪水也沒關係，請讓我在這裡工作。」

三澤再度上門拜師，二〇一四年，她總算如願以償成為堀口切子的一員。當時，堀口師傅開出的條件是：「將來至少要培育一個傳人。」

堀口師傅說，開出這個條件是因為「現在江戶切子有一百個師傅，只要這些人至少有一個傳人，師傅的數量自然就不會減少。為了保留江戶切子的技術與產業存續，這是最重要的一件事。」當時的三澤還不清楚狀況，只覺得惶恐。六年後的現在，三澤懇切地說：「身為傳統產業的一分子，我開始覺得這是一件必須要做的事。」

我竟然擁有了自己的品牌

堀口師傅創作商品的風格特立獨行，培育弟子的方法也不依常規。

「第一次雕花紋時，我的手都在發抖。」三澤說。

切削步驟結束後，必須打磨玻璃杯。用筆在杯子表面描畫切割的基準線。在堀口師傅的指導後，三澤費盡心思想像「手指該放在哪裡，才能模仿師傅切割時的手勢」。沒想到才過兩週，師傅就讓三澤自己動手嘗試「粗削」步驟：使用切割機，把玻璃杯靠在旋轉的鑽石滾輪上，切削出圖案。三澤屏息、小心翼翼地，雖然她緊張到手一直在發抖，但師傅親自示範教學，讓三澤感受到了「一點一點進步的喜悅」。

入門第二年，堀口師傅問三澤：「將來想做什麼事？」三澤回答：「商品企劃。」三澤說：「師傅記住了我的話。後來我參加了『江戶切子新作展』，雖然沒有得獎。師傅說：『你的作品很有趣，要不要做成商品？』去年，我竟然還成立了自己的品牌。」

古典花紋？不，有點不一樣。貌同實異的設計，令人會心一笑。三澤的作品使用橘色、黃色、綠色等素雅的粉彩色系，她在堀口切子成立的新品牌名叫「SENA MISAWA」。開始販售後，立刻就被東京都內的日本料理餐廳採用，很快便嶄露頭角。

堀口師傅說：「讓她從公司獨立出去，首先在成本方面就太勉強。既然如此，就讓她在公司裡實現她想做的事吧。」

堀口切子的公司理念是「Traditional．Authentic．Redefined」（傳統、本質、重新定義）。我想，這不僅是作品的核心精神，也是這對師徒關係的寫照。

三澤世奈｜1989 年生於群馬縣。大學畢業後從事美甲業，2014 年成爲堀口師傅的第一名弟子。2019 年開始負責堀口切子新品牌「SENA MISAWA」的製作與企劃。

堀口徹｜1976 年生於東京。拜二代秀石（須田富雄）爲師，繼承第三代秀石名號。2008 年創立「堀口切子」。獲頒 ORBIS GROUP CSR 社長獎、江戶切子新作展最優秀獎、好設計獎等多種獎項。

8

文化財修復師

師傅——半田昌規

弟子——下田純平

「修理是沒有說明書的工作。」

「修理就是將作品傳承到下個世代。」

與重要文化財面對面

我聽聞有一處工坊除了接受許多國內各地的博物館、美術館、圖書館、神社寺廟的委託，也處理許多來自國外美術館的案件。在東京國立博物館與江戶東京博物館都設有分室，擁有二十五名員工，因而前去採訪。它的名字是「半田九清株式會社」，業務內容是修復日本畫與古文書等文化財，位於東京都澀谷區。

這間公司讓許多重要作品得以延續，志向高潔，我原本以為老闆的性格會很嚴肅，見到半田昌規師傅後，才發現我根本多慮了，半田師傅一開始便笑著對我說：

「我們所做的不是讓九十歲的奶奶回到二十歲，而是讓她保有九十歲的姿態。」

半田師傅問我要不要參觀修復作業，很快地便讓我進入二樓寬敞的作業空間。我看到現場的景象，不由得感到驚訝。下田純平正在作業空間的一角默默地專心使用鑷子。桌上有一張紙，他正用鑷子夾起紙面上的黑色纖維，不論怎麼看，那些纖維都細得不到一公釐。

我還沒弄清楚狀況，便小聲詢問：「請問您一小時可以完成多少？」下田停下手邊的工作回答：

「從早上開始，大概這麼多。」

他讓我看了用鑷子夾起後清除的「黑點」，當時已經是下午四點多，那些黑點只有兩、三平方公分大小。真是無法想像的漫長作業……

半田師傅說：「這幅作品是長野縣美術館委託我們修復的鎌倉時代佛畫，是孔雀明王像。」

聽了半田師傅的話，我又嚇了一跳。這可是八百年前的作品，也是重要的文化財。

修理工坊就像綜合醫院

孔雀明王畫在一塊織目較粗的絹布上，正反兩面都有畫，呈現出立體感。下田用鑷子清除的是畫下方用漿糊黏貼的底紙。也就是說，這幅畫是反面攤在桌上，下田正在除去長年劣化的底紙。

半田師傅說：「要把紙弄軟，讓纖維變得像棉花一樣之後，再慢慢地剝掉。」原來如此。下田的手邊有一把刷子，他要先用刷子沾水塗在底紙表面軟化它，才能用鑷子夾除纖維。

「雖然是水，但它會滲透底紙、弄濕顏料。加一點海蘿膠水就會變稠，才不會滲到下面。」

我愈聽愈覺得太深奧了。海蘿膠是從海藻抽出液體後在工坊內製作。用來填補缺損的和紙，也是在分析原本畫紙的纖維後，在工坊內自行製作。除此之外，還有許多材料也是手工製作。下田今天進行的作業，只是眾多文化財修復中的一項小步驟。

一件作品會由五人至十人組成專案小組，並安排時程，以便在預定日前完工。大致上的作業是先以精密儀器攝影等方式調查作品，並將書畫從裱具上拆下，剝掉底紙。修復書畫上的蟲蛀、缺損後，再貼上新的和紙，接著用跟原來類似的布料裝裱。公司沒有分工體制，由專案小組分擔一個作品。每一個員工都擁有進行全部作業的技能。

半田師傅把需要修復的作品比喻為「患者」。「舉例來說，這裡就像綜合醫院。患者經過放射線科、外科、內科等會診，而我們的技術人員會用筆、刷毛、鑷子代替手術刀，進行不容失敗的『手術』。」半田師傅接著又說：「每位患者天生的症狀都不同，每個修復作業都無法製作成說明書。」

從「職人」到「技術人員」的時代

半田九清堂是半田師傅的父親達二（一九三四～二〇〇六）在一九六五年創立的公司。半田達二從十四歲就開始學習當裱裝師，二十歲獲得師傅青睞，負責修復中國繪畫，在業界嶄露頭角。他獨立開業後，將業務拓展到古文書、書籍、繪畫、紙門畫、屏風畫等範疇。

「我父親是在家裡工作，我小時候放學回家，就會先去父親的工作室。」半田師傅回憶著說。

當時，半田達二有許多委託案來自海外，如：美國、台灣的收藏家、柏林美術館等等。半田師傅對於繼承家業沒有一絲迷惘，考入多摩美術大學後專攻日本畫。在學時，半田師傅執筆繪畫，獲選為學校代表，在銀座的畫廊連續舉辦數場企劃展，周遭都認為他應該會以成為畫家為目標，但半田師傅卻對修復工作更有興趣，一畢業就回到父親的門下。

「對文物修復的想法等整體觀念，我算是師承我父親。但技術是從父親的弟子、我的兩個叔叔身上學的。我入行時，以前那種『職人』的世界，已經轉變成『技術人員』

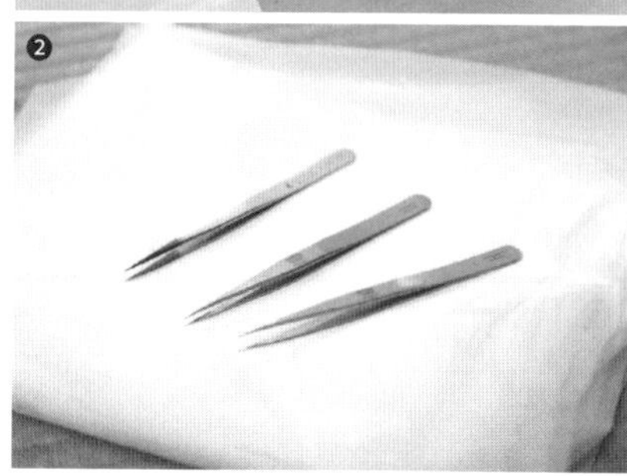

❶半田師傅正在說明如何使用數位掃描技術修補古文書的紙面缺損。目前由他負責集結專案小組與規劃修復計畫。

❷師傅說的「手術工具」之一。使用熟練之後，工具就像是自己手指的延伸。

❸取材時因新冠肺炎疫情，工坊採輪班制。下田在天花板挑高的寬敞作業空間中默默使用鑷子工作。

的世界了。」

經驗很重要，但職人工作總是「不用說那麼多，照著做就對了」，不會有進一步的討論。但是一路傳承的技術與方法其實都有理論支持。現代已經會由作品的年代背景，來推敲用具與作業空間等科學證據，採用新設備進行邏輯性的實際作業。進行修復作業時，必須時時思考「要讓濕度從60％降到55％，必須減少幾cc的水」、「調整膠水濃度時，固體與水分的比例是多少」。

我問半田師傅：「您經手的作品中，對哪件印象最深刻？」他的回答是：「沒有特別深刻的。」令人十分意外。半田師傅說，因為每一件作品都是團隊合作，辛苦的小故事倒是不少，例如：東山魁夷的「殘照」必須用膠水黏合顏料裂開所造成的縫隙，但作業很不順利等等。

半田師傅在四十歲繼承社長職位後，在業界廣為活躍。例如，擔任母校多摩美術大學的講師，長年負責教授「裱裝實習」課程。剛剛那位用鑷子剝除底紙的下田，就是因為這堂課才進入公司。

❶❹下田將鎌倉時代的佛畫（重要文化財）翻過來，用鑷子移除底紙。要花 20 天才能把底紙剝除一層。半田九清堂的員工都知道「有不懂的事不要覺得丟臉，一定要問」。
❷❸剝掉底紙後，用水沾濕剩下的紙纖維，將它泡軟後取下。取下的纖維也會當成資料保管。袋子裡的是花了一個月取下的紙纖維。

隱身幕後的工作

下田說：「高中時看電視，對文化財修復的工作產生了模糊的嚮往。我喜歡畫畫，進了美術大學之後，卻發覺成為畫家不是我的目標，剛好這時我上了半田師傅的課。」嚮往的職業可能成真，這種難得的機會怎能錯過。下田寫信給半田師傅，請師傅與他見面。半田師傅說：「那堂課的男學生很少，他又學得很認真，我本來就對他有印象。」某種程度來說，這個業界很狹窄。透過教授們的私下推薦，下田進入公司。

——請問您一開始是做什麼樣的工作呢？

「漿糊與老布染色等等的材料製作，還有幫忙拍攝、調查作品的損傷。有一陣子都是做『事前準備』的工作。年資差不多的前輩們會教我怎麼做。」

——您不討厭「事前準備」嗎？

「完全不會。我有一陣子覺得看不到自己的未來，但有一次我用小麥澱粉調漿糊時，我想到自己調的漿糊會用在修復流傳後世的作品上，這才發覺責任重大。之後我就更投入這份工作了。雖然失敗過很多次，但想到檢討失敗就能帶來下次的成功，我就很開心。」

市售的漿糊含有防腐劑，使用小麥澱粉製作的漿糊則會發霉，最後腐爛。由於劣化過程緩慢，一百年後修復時不會對作品造成傷害。下田雙眼發亮地說：「幾百年前的人就知道這件事，太了不起了。」一旁的半田師傅補充道：「能客觀看待這些事，就代表他很適合這份工作。」

——您剛剛拿鑷子進行的作業，是入行多久之後才開始做的呢？

「從事前準備開始慢慢接近作品，大概在四、五年後才真正碰觸到作品。所以大概是五年吧。」

「咦？五年？」我忍不住反問。下田平靜地回答：「沒錯。」這是我取材至今遇到的徒弟中，「事前準備期」遠比別人長的一位。

過了一會兒，下田似乎突然想起了什麼，又說：

「準備裱具時，要用刀具沿著尺裁切，才會迅速、正確又安全。說起來很簡單，但要流暢的完成這些動作，都是靠事前準備、不斷的反覆訓練，身體才能記住。」

下田已經入行十六年，正是工作得心應手的時候，卻覺得自己還在學習，心態十分謙遜。

——您認為這份工作的意義是什麼呢？

「用隱身幕後的方式，把前人傳下來的作品傳承到下個世代。」

下田的回答十分直接，還帶著「隱身幕後」這個前提。我思索著這件事，在訪談的最後詢問：「您之後想負責哪個時代的哪些作品呢？」

下田乾脆地回答：「沒有特別想負責哪些作品。如果我自己想做什麼，就是一種慾望，不能算是隱身幕後了。」真是十分恭敬儉讓，不知道是什麼樣的教育讓他如此言之成理。

「雖然半田社長沒有直接教過我修復文物的技術，但半田九清堂的信念一直都是『作品第一』、『用愛來修復』，我真的獲益良多。」

一旁的半田師傅瞬間露出有些害羞的表情，接著是心領神會的微笑。

下田純平｜1982 年生於埼玉縣。於多摩美術大學繪畫學系專攻日本畫，畢業後進入半田九清堂。2014 ～ 2017 年，於東京國立博物館任職。是國寶修理裝潢師聯盟認可的「主任技師」。

半田昌規｜1962 年生於東京。多摩美術大學畢業後進入半田九清堂。曾任母校與東京藝術大學研究所等特聘講師。國寶修理裝潢師聯盟副理事長，也是該聯盟認定全國僅有 16 人的「技師長」之一。

9 江戸小紋染職人

師傅＝富田篤

弟子＝西條忍

「這一路走來，我總是想著如何讓穿上衣服的人高興。」

「不是染好就結束，讓客人穿上衣服才是眞正的完成。」

來到香氣襲人的「板場」

東京都新宿區西早稻田，在神田川河岸的櫻樹旁有一片住宅地，其中有一棟木造瓦屋頂，氣勢十足的建築物相當引人注目。前院長著茂密的葡萄藤，門口的門簾印著一個大大的「染」字。這是創造出江戶小紋的株式會社富田染工藝的染藝工坊。明治時期於淺草創業，一九一四年（大正三年）搬遷至此。

打開拉門走進去，工坊內傳來一股難以言喻的氣味，像是木材加上染料的香氣。在頗具年代感的室內空間中，有四張平行排列，長達六、七公尺一體成形的作業檯，每張作業檯之間保持著一個人能夠通行的距離。這裡是從型紙印製圖案，也是染布時最重要的「染印」的作業場，稱為「板場」。

「我們使用纖細的伊勢型紙，小心翼翼地進行手工作業。」

前來迎接我的社長富田篤說。

牆邊裝飾著許多美麗的布匹，櫥窗旁一角不知為何有一張宇野千代（一八九七～一九九六）穿著紫色和服的照片。她是企業家兼任和服設計師，同時也是以華麗而豐富的戀愛經驗聞名的作家。

「宇野千代女士是我祖母的朋友。老師所穿的和服全都是我們公司染製的。」富田師傅說。宇野女士是大正至昭和初年超級時髦的女性，沒想到竟然是富田染工藝的狂熱粉絲。

小紋，分成：京小紋、加賀小紋等種類，其中以江戶小紋的花紋最為細緻。特徵是遠看像素色的布料，近看才會看出纖細的花樣。相信許多人都知道，江戶小紋和服不只可以當作時髦服裝穿著，只要加入一個紋樣，就和色無地紋付（譯注：日本和服的樣式，一般用於茶會、婚禮等正式場合。）一樣，是同樣等級的禮服。

原型是江戶時代武士的禮服「裃」。全國的大名來到江戶城時，規定要穿繡有家紋的裃，但若只有家紋，看不出來是哪裡的大名，因此規定每個藩都要簡單加入特定的圖樣。

此時，紀州藩自告奮勇，提議負責製作服裝。紀州藩也是後來成為八代將軍的德川吉宗的領地。在藩內的白子（現今的三重縣鈴鹿市）製作出圖樣的型紙（伊勢型紙），由藩加以保管。之後「型紙商人」與從事諜報活動的御庭番合作，將這種技法推廣到日本全國各地。到了江戶中期，愈來愈多的平民也開始穿著染上小紋的和服或羽織，逐漸成為男女都喜愛的花樣。

和服原本是由其文化中心京都製作，再運送至江戶，後來江戶成為人口超過百萬的大都市，也具備了製作和服的能力。

富田師傅滿懷喜悅地向我說明了江戶小紋的歷史。從富田師傅身上，我感覺到了他對江戶小紋的愛。

染織工坊的帝王學

一九七六年，這種染法以「東京染小紋」為名指定為國家傳統工藝品。其中，包括：單色的江戶小紋，以及利用多張型紙染出多種色彩的「東京時尚小紋」。我聽說富田染工藝長年來兩者都有涉獵，於是觀察起櫥窗內的布匹。細緻到僅有一公釐以下的鮫小紋、細小的正方形排列成的角通小紋、小圓點斜斜排列的行儀小紋……十分細膩精緻，華麗而樸素，典雅秀美。

——請問富田師傅是第幾代呢？

「我是第五代。家裡有弟弟和妹妹，但我家是一脈相傳。我在四、五歲時就被祖父帶到京都學習帝王學。」

「當時，京都每年都會辦『新作圖案展』，祖父帶我去那裡培養品味。我小時候，家裡有一百二十個職人，就像個大家庭。我一路以來都被當成繼承人培養。」

所謂的「帝王學」不只是精神論與經營。還要學習祖父、父親與職人們所有的作業技術、伊勢型紙的修理委託等實務，以及前往親戚家所在的秋田與栃木的中學幫忙徵人等等，內容十分多采多姿。富田師傅為了學習與其他行業的商品企劃與通路，大學畢業後在女裝成衣商工作了七年，才回到家中繼承家業，成為第五代社長。

「敝公司一直在思考、追求，如何讓穿上和服的人開心。我們很瞭解江戶、東京人的時尚感。」

和服業界在一九八一年達到高峰後，接下來一路都是下坡。但富田師傅的思考很正向。公司內設立了「悉皆屋」部門，幫助客戶清洗與修補和服，也利用小紋花樣製作適合現代生活的領帶與絲巾，更在巴黎開設分店。富田師傅努力嘗試許多新的點子。

❶在板場進行「染印」的西條。在木板上攤開白布，再放上型紙，用板刷沾取漿糊，刷上圖樣。
❷色彩繽紛的染料。染色時會以這些染料爲基礎，混合調整後使用。
❸這裡保存著多達 12 萬種的伊勢型紙。
❹富田染工藝的江戶小紋，都是宇野千代也很喜歡的纖細花紋。

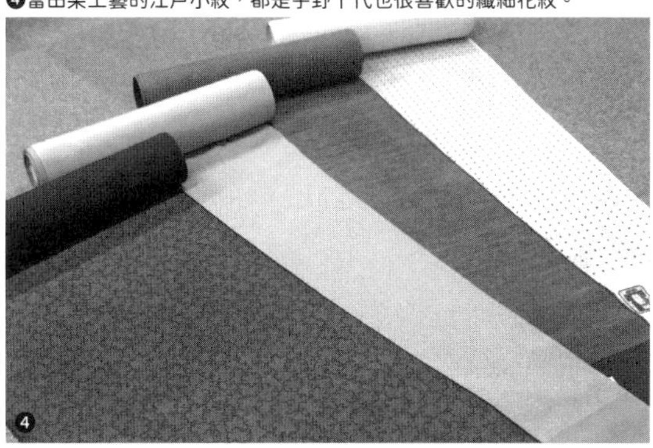

那麼，又是什麼樣的職人負責製作江戶小紋呢？

「以前全都是男人，是集體就職時從地方來到東京，十五歲就開始工作的一群人。」富田師傅說。這股風潮大約是三十年前開始改變。當時開始有女性上門拜師，但江戶小紋的製作過程有染底色、蒸、水洗等步驟，十分需要力氣。尤其是板場的「染印」作業，需要將鋪了布料、重達三十公斤的木板，多次舉起再放下，富田師傅一開始很擔心女性的體力會無法負荷，但實在無法抗拒對方的熱忱，錄取後才發現「其實沒問題」。現在約有二十位職人，其中超過一半是女性。

西條忍大學時過來實習，就此開始工作、成為職人。她是這麼說的。

「大學時，我學的是立體作品，但對染色很有興趣，我四處打探消息，朋友介紹我來這裡，記得當時社長見了我就說：『有些人適合我們這一行，有些人不適合。』我聽了心裡七上八下。」

有些人適合，有些不適合？是什麼意思呢？

「我的意思是，成為獨立的小紋染師傅至少要十年，如果不適合這份工作，就等

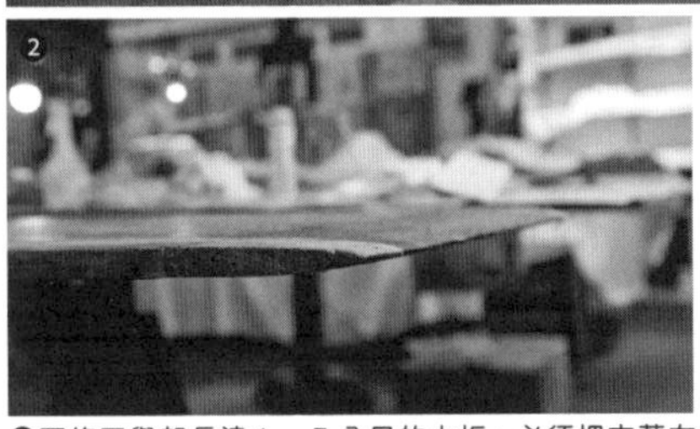

❶西條正舉起長達 6 ～ 7 公尺的木板。必須把夾著布料的木板抬到頭上晾乾，一個人要在十塊布匹上塗抹漿糊。富田師傅以前覺得女性職人無法做到時常搬起、卸下大塊木板的工作。❷作業檯的木板用的是日本冷杉。木板尖端稱爲「劍先」，愈靠近邊緣就愈薄。❸掀開伊勢型紙，布料上印上了漿糊轉印的花紋。愈是纖細的花紋，貼型紙時愈要保持不歪斜，十分困難。❹西條在板場將漿糊刷在布料上。西條已有 12 年實務經驗，是少數通過日本傳統工藝師考試的女性之一。

於白白浪費了這麼長的時間，會很可憐。」富田師傅解釋完又笑著說：「當時西條燙了個爆炸頭，穿著長到地板的長裙，實在太有個性了，我看了嚇了一跳。」

西條說：「一開始我真的非常困惑，前輩們都專心在做自己的工作，完全不是可以開口發問的氣氛。不過，慢慢地就有人叫我洗桶子，我都會努力完成。」

裝了漿糊的桶子如果沒有洗乾淨，就會跟下次裝的漿糊混在一起，那樣可就麻煩了。西條知道前輩把重要的工作交給她，因此每天都很努力清洗桶子。從這件事就能看出西條的工作態度，她總是完美地完成前輩交代的任務，慢慢地獲得前輩的認可，後來終於開始擔任前輩的幫手。一年後，西條開始在板場進行「染印」作業，一開始先從大型花紋開始。回顧這段過往，西條說，無論是板刷（塗抹漿糊的工具）的拿法或型紙的處理方法，她都是一心一意努力模仿前輩。

「回過神來，已經過了十年、二十年。」西條說。「當初我是因為對染色有興趣才來到這裡，缺乏和服相關知識，後來也讀了不少文獻。」

在寬廣視野中得到的靈感

——這麼說來，前輩和書就是你的「師傅」了。

「沒錯。社長會教我大局怎麼看。我在社長的指導下學到，按照下訂的客人與吳服屋的意向製作和服，就是我們的工作。和服不是染好就結束，客人穿上時才是真正的完成。而且……」

——而且？

「社長常常會幫我很大的忙。前幾天我在煩惱型紙該怎麼選時，社長拿了一本旅遊雜誌給我看，裡面的照片給了我很大的靈感。」

從每一個作業步驟看到下一步。用俯瞰的角度思考和服與花紋。富田師傅是見樹也見林的人，因此才能擁有如此寬廣的視野。

訪談的尾聲，西條在板場了示範「染印」作業。

先是製作彩色漿糊。混合糯米、鹽與米糠，蒸成「底糊」後加入數種染料，再加入熱水攪拌稀釋。接著從多達十二萬種的伊勢型紙中挑選要使用的型紙，這天，西條選的是纖細的波浪花紋。

作業檯的一體成形木板是用日本冷杉木材製成，總長六點五公尺，絲毫不差。一端稱為「劍先」，愈靠近邊緣厚度愈薄。布匹有十三公尺長，在劍先對折後，木板的正反面便都是白色的底布。把型紙放在布料上，用板刷刷上漿糊，白布就會染上花紋。

型紙的長度約為三十公分。上面有稱為「星」的基準點，按照「星」的位置貼合接線處，一公釐也不能歪，接著必須重複數十次貼合型紙的步驟。我在一旁看著極度專注的西條，不禁緊張到屏息。待漿糊乾燥之後，還要進行塗抹染料的「地染」作業，接著將布匹放入「蒸箱」中，以攝氏九十～一百度蒸約二十分鐘。蒸好後，用水漂洗布匹，洗掉漿糊與多餘的染料，印染時刷上漿糊的部分便會顯現花紋。

「一切都是憑經驗跟直覺。」

示範結束後，西條這麼告訴我。她的職人氣質充滿魅力。一旁的富田師傅補充道：

「職人的理想就是工作到死。之前有一位同事就在工坊倒下後過世了。」

西條忍｜1974 年生於埼玉縣。就讀大學時對和服染色產生興趣，至富田染工藝實習，畢業後正式加入公司。2008 年取得日本傳統工藝師資格。

富田篤｜1948 年生於東京。1979 年進入株式會社富田染工藝。曾任全國染色協同工會聯合會理事長、東京都染色工業工會理事長。2022 年獲頒旭日單光勳章。

10 社寺木工

師傅‖小川三夫

弟子‖坂井龍二

「一起做大工程，就必須一起生活。」

「師傅說：『要用腦，也要動手做。』」

拜「法隆寺最後的社寺木工」西岡常一為師

本次訪談在栃木縣「鵤工舍」的總公司中進行，這是一棟土牆加上老木材所蓋成的建築物。

「高中二年級的校外教學去了法隆寺，我看到五層塔，聽說是一千三百年前蓋的，覺得很了不起。我也想蓋這樣的建築。我爸爸在銀行工作，我跟他說想做這種工作，他說：『這就像逆流而上，你會很痛苦，根本沒有餘力欣賞周圍的景色。』」

小川三夫師傅以夾雜關西腔的輕鬆口吻說道。他的師傅是參與許多社寺建築的棟梁，也是知名的「法隆寺最後的社寺木工」西岡常一（一九〇八～一九九五）在日本唯一的內弟子。我想先聽聽小川師傅入門的經過。

小川師傅在高中畢業後，在奈良縣廳的文化財保存課聽到西岡棟梁的名字，於是登門拜訪，欲拜西岡大師為師，卻遭到拒絕，理由是：「沒有工作給你做」、「十八歲入門太晚了」。後來小川師傅前往島根縣的日御碕神社等地學藝，三年間仍不斷給西岡大師寫信。一九六九年，小川師傅終於收到聯絡，信裡說是：「建造法輪寺三重塔的工作要開始了，你來吧。」小川師傅繼續以輕鬆的口吻說道：

「西岡家是代代在法隆寺工作的社寺木工。法隆寺附近有個地方叫西里，從前就是負責維修法隆寺的伐木匠、瓦匠、泥水匠等人居住的集落。像我這種百分之百的外來者想成為弟子，古早年代根本是不可能的事。」

「到了西岡家，師傅先叫我『把工具箱打開來看看』，他看到我磨到不能再磨的鑿子和刨子，就說『這根本不能用』，然後就把它們丟了，還叫我去打掃倉庫。倉庫裡有師傅繪製的圖面和工具，叫我打掃倉庫就是指我可以去看看圖、摸摸工具的意思。但師傅不會直接說出來。」

當晚，在西岡大師的父親見證下，大師賜予小川師傅一條鯛魚，完成拜師儀式。西岡大師對小川師傅說：「一年內不要聽廣播、看電視，也不要看報紙，專心磨刀就好。」

「不需要道理。」

西岡大師從不口頭傳授任何技巧。只有一次給了小川師傅一片刨屑，要他「練習刨出跟它一樣的刨屑」。那片刨屑完全透明、且輕薄。在研究技術之前，必須先研磨刀具，否則無法削出這樣的刨屑。當時二十一歲的小川師傅把這片刨屑貼在窗戶上，全心全意以達成這樣的境界為目標。

「我花了三年才知道刨屑是這樣的東西。」

早上起床就跟西岡大師一起前往法輪寺，默默協助打掃、搬運材料、切割椽木等工作，回到西岡家就專心研磨工具。小川師傅說，「這不需要講道理。」而是在與西岡大師家族一起居住的日常生活中，用身體去感受遣詞用字、行走方式、穿著等職人家的氛圍。「生活中的一切，全部都是學習。」

由於法輪寺資金不足，工程暫時中止。中止期間，西岡大師擔任了藥師寺金堂重建的重要任務，因此在法輪寺工程重啟時，小川師傅也擔負了一部分的工作。這是他入門的第五年。

「你問我有沒有自信？我不會想我做不做得到，而是思考我該怎麼做。」

先想像完工後的模樣，接著在腦中按照順序拆解建築。思考將零件材料都拆除後，要如何組合。可運用的工時（作業者的勞動力）總計為四千五百日。小川師傅對職人們說：「現在的工具比較進步，我們減少工時，跟以前的職人一較高下吧。」結果花了兩千五百日工時便完成。多出的工時轉用於法輪寺境內的環境改善，可說是皆大歡喜。

「就在工作期間，我三十歲了，還在當大師的弟子，也收了自己的徒弟，創立了鵤工舍。」

聽著聽著，不知何時訪談的主導權已經被小川師傅掌握。不用我問，他也會自己述說。話題也一點一點的向外擴散。

「打掃、搬運材料、收拾、架設臨時性屋頂、準備木材、組合。建造建築物有各種不同的工作，做著做著就會練出木工的身材。」

「組合建材不是靠丈量，是靠木材的特性。樹木有生命，削木頭也是，要用不殺死木頭細胞的方式去削。」

「西岡師傅有兩個兒子，兩個都沒繼承家業，因為社寺木工這一行是吃不飽的。我想，我一定得當個吃得飽的社寺木工才行。」

——鵤工舍培育過多少職人呢？

「超過一百個吧。大概二十年前，每年都有兩、三百人想要入行，我會見七十個，大概收四個。最近差不多是來三十個，收五個。有些是中學畢業，有些是大學，還有當過木工的，我會先選沒有其他就業選項的人。學徒得當十年，也有很多人中途就離開了。」

鵤工舍現在在栃木與奈良都有工舍，約有四十位職人。

❶在栃木縣鹽谷町的自然環境中，有10名以上的年輕人共同生活，努力工作。
❷小川師傅指著山牆拱梁的裝飾指導徒弟「要雕出鳥的立體感」，說完又笑著拋下一句，「其實不該講的，他們該自己發現才對。」便走開了。
❸西岡常一大師留給鵤工舍年輕人的話是：「別學你的師傅」、「要和旁人切磋怎麼贏過師傅才對」。
❹創立於奈良斑鳩的鵤工舍，如今本部位在栃木縣鹽谷町。右側是行政等辦公室，前方是作業所。

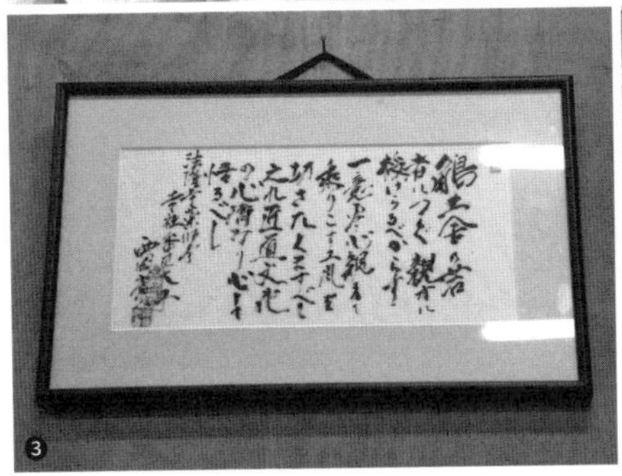

——現在徒弟們還是住在這裡嗎？

「當然。我們是工作和吃飯都在一起的團體生活。要一起做大工程，就必須瞭解對方在想什麼，不然無法配合。這些事情只要一起生活就會知道。」

小川師傅使用的徒弟制度十分特別。

——您在現場監督時也是用西岡大師的方法嗎？

「我不會時常插嘴，也不會生氣。在一旁看他們工作，偶爾提醒一句就夠了。」

「師傅的話總是直接有力。」

小川師傅帶我進入作業所。天花板很高，地面空間有三百坪。從大塊原木到切下來的木材，全都排列得整整齊齊，嗅得到木材的香氣，我想起他剛剛說的：「樹木有生命。」這天，徒弟們在製作過幾天就要運到埼玉一間古寺組裝的材料，目前已經來到了收尾階段。作業檯上正在修整材料的年輕人看到我，紛紛活力十足地打招呼。

「想訪談我的徒弟嗎？你就選吧，挑哪一個都可以。」小川師傅自信十足。

於是我向坂井龍二搭話。他正動作輕巧地刨削著一塊偏白的木材，眼神十分銳利。

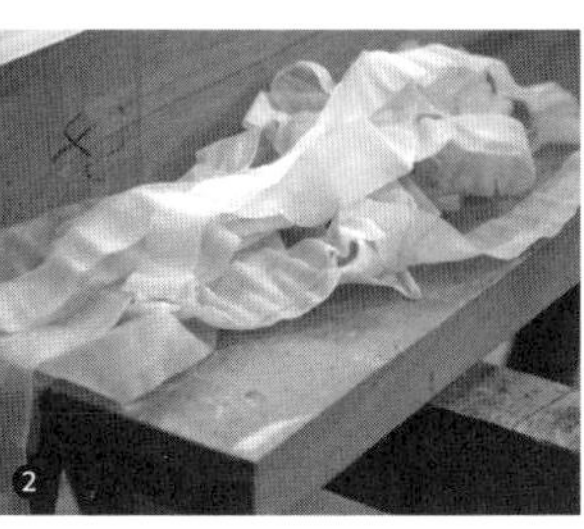

❶❸❹用刨子刨削木材的坂井。坂井高中時是舉重選手，在練成「木匠身材」前，搬運木材讓他吃了不少苦頭。不只是刨子，鑿子和電工器材等工具，都是每個月用自己的薪水慢慢購買的重要道具。

❷坂井削下的刨屑。拿起來仔細看，薄到幾乎透明。但他自己說：「這還不夠。」西岡大師對小川師傅說過的唯一一句教誨就是：「刨出跟它一樣的刨屑。」在木工的世界，刨屑的薄度必須以完全透明爲目標。

小川師傅碰了旁邊一塊雕了圖樣的橢圓形木料，說：「這還不算做好了。」他也有這樣的一面。

坂井說，那塊橢圓形木料是「用在山牆拱梁的裝飾」。山牆拱梁是通過橫牆的梁（以水平方向通過柱子與柱子間的木料），木材是羅漢柏。雕刻的是鳥的造型。小川師傅說，鳥下方的平面不夠圓滑。

「有時師傅會像這樣走過來看我作業，然後提出很直接的建議。我花了五天才做出這個雕刻，師傅在我雕的時候也有過來看，並針對鳥的雕面給我建議。我當時還聽不太懂，但照著師傅的提議去做，就會發現原來如此。師傅的眼光真的很銳利。」

簡樸寡欲的弟子生活

坂井拜師至今是第五個年頭。

他出身鹿兒島，父親是屋頂工程的工匠，家裡有一本西岡大師與小川師傅滿懷熱情講述寺社木工工作的書《木之命，木之心》。高中時，坂井不經意地拿起這本書閱讀，就此決定成為社寺木工。我問他：「是不是被那本書打動了？」他回答：「啊，是的。」

坂井是現代的年輕人，喜怒哀樂不會直接表達出來。不過，高中三年級的暑假，坂井就跟父親一起來到奈良的鵤工舍，可見他一開始就帶著濃濃的熱情。

二〇一六年四月，坂井加入鵤工舍。同期進公司的還有跟他同年的十八歲青年，和另一個有三年木匠經驗的人，一共是三人。領到鑿子、刨子、鋸子等工具後，學徒生活就開始了。

——這裡是團體生活對吧？

「是的，和十五、六個前輩一起生活，睡覺也是同一個房間，床與床之間用隔板隔開，一個人的空間大概是三個榻榻米大小。」

——每天的作息是怎麼安排呢？

「五點半起床做早飯，七點開始上工，十一點半做午飯，下午一點再回去工作，傍晚五點半做晚飯，七點去買隔天的食材，回來之後先處理食材，九點跟同期三個人一起磨刀具，一直到就寢為止。」

新人的主要任務是做飯給作業所全員吃。他每天都用手機查食譜，待在廚房裡做飯。工作方面，則是認真打掃、收拾、搬運材料等雜務。過了一陣子，才是切割椽木。花了一、兩年，才有餘力在前輩工作時觀察前輩的動作。

這樣的生活實在太簡樸、清心寡欲了。我忍不住說：「你應該還是愛玩的年紀吧。」

坂井回答：「我發現就算想玩也沒辦法了。」他說，第三年實在是受不了了，之所以會留下來，是因為「被前輩說服了」。這裡過的是團體生活，和前輩、同輩非常親近。

「在栃木這裡待了一年後，我去了廣島的寺院修繕現場。之後去了奈良，參加文化財老宅修理，還有在作業所幫忙加工。」

每一個案件都是由熟練的前輩擔任工頭，由上到下傳達指示。

坂井是在小川師傅把工頭讓給後進以後才進入鵤工舍，因此沒有在現場看過小川師傅工作。不過如前文所述，師傅偶爾會有「直接有力的建議」。

「師傅常說：『要動腦，也要動手做。』」

坂井說完，他似乎是不想浪費時間，便回到工作崗位繼續刨木材了。他的雙手動作與軀幹姿勢十分精確，我想，這就是小川師傅所說的「一點一點練出木工的身材」吧。

坂井龍二｜1997 年生於鹿兒島縣薩摩町。高中時讀了《木之命，木之心》（西岡常一、小川三夫、塩野米松著）後，立志成爲社寺木工。2016 年加入鵤工舍。

小川三夫｜1947 年生於栃木縣。1969 年成爲法隆寺最後的社寺木工西岡常一的弟子。1977 年創立鵤工舍。2007 年滿 60 歲時，將鵤工舍負責人職位讓給後進，現在從事繪製圖面等工作。著有：《木之命，木之心》、《棟樑》、《組合不整齊的木材》等書籍。

11

江戶木版畫雕版師

師傅＝關岡裕介

弟子＝阿部紗弓

「要雕得好印、好賣。」

「希望自己能雕出畫師的心思。」

東京下町代代相傳的浮世繪技藝

聽到浮世繪，各位腦中浮現的是不是喜多川歌麿的美人畫、歌川廣重與葛飾北齋的風景畫，或是歌川國芳的幽默戲畫呢？據說「浮世」原本叫作「憂世」（譯注：日文的浮世與憂世發音相同。），到了和平的江戶時代，喜歡享受生活的人們才把它改為「浮世」。

在江戶時代蔚為風潮的浮世繪，是一種將未知事物與流行帶給大眾的媒體。當它被刻成木版畫量產之後，才開始廣為流傳。浮世繪除了是當時風土民情的寶貴記錄，無疑地也具有高度的藝術性，足以影響莫內與梵谷等西歐藝術家。我們通常只會注意畫師，但畫師只有繪製單色的底稿，將畫師隨意的線條修整得精美且雕成版畫，是雕版師的工作。將版畫的意象栩栩如生地印刷出來，則是刷版師的職責。浮世繪高度的藝術性，來自雕版師與刷版師充滿創造性的工作。

關岡裕介是浮世繪等古今繪畫的雕版師，他的工坊位於荒川區幽靜的小巷中，距離仍保有下町風情的谷中銀座商店街不遠。這天，我在師傅的迎接下進入二樓的工作室，六疊榻榻米大小的空間裡堆滿了大量使用過的版材，有些雜亂。關岡師傅與弟子阿部紗弓的座位，分別朝向西方與南方的窗戶。

「這一帶有很多雕版師和刷版師。江戶時代原本是武士居住的地區，據說武士家的次男、三男，多成為雕版師。」

關岡師傅停下拿著小刀的手，從這個話題開始進入訪談。工坊的建築物屋齡十多年，本身還很新，但這個作業空間的氣氛彷彿牽引著綿延不斷的職人世界。空氣中充滿木屑的氣味，加上收音機的廣播聲。弟子阿部端茶上來之後，立刻回到自己的座位上接著動工。我從她的背影感受到了無比的專注。

關岡家自江戶時代就是刷版師，父親也收了徒弟。關岡的哥哥不喜歡這種古老的職業，已經另謀生路。關岡原本想繼承家業，從大局觀察浮世繪傳承的父親卻說：「比起刷版師，雕版師的人數少得更厲害，該怎麼辦呢？」於是關岡決定成為雕版師，一九七六年高中畢業後，就到始於江戶時代浮世繪雕版師京屋大倉家，拜直系第四代大倉半兵衛為師，住在大倉家裡修行七年。

大倉師傅生於一九二〇年（大正九年），當時五十多歲。

關岡師傅回憶當時：「第一天我收到小刀和鑿子，師傅說：『你可以盤腿坐，就坐在我身邊仔細看。』但盤腿腳會麻，我後來是坐著學。雕版師的世界比較老派，師傅常會叫我『仔細看』，但光用看的很多事不清楚，要一直在反覆嘗試中學習。」

在大倉家二樓，大倉師傅在拆下紙門的三疊榻榻米房間裡雕刻，關岡師傅和師兄在四疊半榻榻米房，兩人並排坐著雕刻。學到小刀與鑿子的研磨方法後，剛開始的前半年，關岡師傅每天早上八點半到傍晚六點刻《假名手本忠臣藏》，練習雕刻技巧。一天三餐是師母做的，但照顧師傅日常起居也是弟子的工作，只有去公眾澡堂泡澡時才能休息。當時領的不是薪水，而是一個月一萬日圓的「零用錢」。這就是關岡師傅學習雕版的起點。

住在師傅家七年習得的技藝

「版材從以前就是用山櫻。」

關岡師傅從架子上取出漂亮的印版給我看。我試著拿起來，發現它很沉重。

「山櫻很硬。印版會雕很多次，所以一定要用密度跟黏性都足夠的木材。」

作業時，必須將畫師畫的底稿翻過來，用漿糊貼在山櫻印版上，再削下薄薄的一層。如此一來，底稿的輪廓線就會留在印版上。用拇指和食指握住小刀，小指往身前拉。其他手指輕輕靠在刀上，先雕出線條。接著，再用圓鑿進行以一公釐為單位的修整作業，用平鑿削掉不需要的部分。用小刀和圓鑿雕刻的步驟，在業界叫作「打」，平鑿削除不需要的部份叫「浚」。

「拜師半年後，師兄離開了，原本他負責的紀念郵票信封工作就由我來接手，我真的很幸運。」

關岡師傅回憶道。當時他就是在比練習要緊張的心境中，一件一件認真的完成工作。高難度的工作做得愈多，愈能磨練雕刻技術。

多色印刷的木板，必須先雕刻出線條用的墨版，印刷後貼到木板上，接著按照色彩的數量需求印出所需的色版。每一塊木板都會刻上定位標記，套色印刷時才不會偏斜。

師傅說，「零點一公釐的誤差，就會造成印刷時的偏斜。」「如果是風景畫，要考量草的位置，把地面雕得模糊一些。思考畫師想表達的內容，再將它雕成線條。」

關岡師傅形容自己是「完美主義者」，所謂的完美，在於思考方向的完美。師傅認為：「必須刻得讓刷版師容易印刷，還要讓作品賣得出去。」自己不是雕刻家，而是職人。這是關岡師傅的驕傲。這不是來自老師傅的教誨，而是他在作業時聽見「要仔細雕」、「要雕得漂亮」的叮嚀，因而一點一點察覺，確立自己的信念。

❶在小工作室裡默默工作的兩人。爲了避免照明造成的陰影，用裝水的燒瓶擴散電燈的光線，來照亮手邊。這是自江戶時代便使用的方法。
❷「練習雕刻」時使用的《假名手本忠臣藏》。
❸關岡師傅使用的小刀。按照線條粗細與氛圍使用不同的工具。
❹用圓鑿雕刻。進入畫師繪製的「故事世界」，雕出纖細的線條。

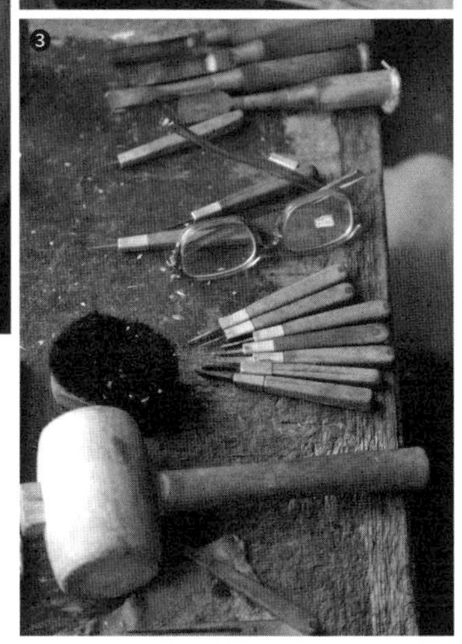

後繼無人，就讓我來加入

就這樣過了四十多年，約二十年前關岡師傅開始收徒，但時代已經改變。「現在我會口頭告訴弟子訣竅。訣竅可以讓我們更靠近理論，這樣會學得比較快。」

阿部是關岡師傅的第五個徒弟。

阿部出身鎌倉，自從小學接觸到家鄉的傳統工藝鎌倉雕之後，便對雕刻工作產生興趣，隱隱約約產生了想成為雕刻家的念頭。後來進入專門學校工藝設計科就讀，準備就業時也曾想到鎌倉雕，但聽聞全國的浮世繪雕版師只剩下二十人，陷入後繼無人的窘境時，便決定加入。阿部聽從恩師的建議，報名荒川區的「傳統工藝技術繼承者培育事業專案」，二十一歲時拜專案的合作夥伴之一關岡師傅為師。

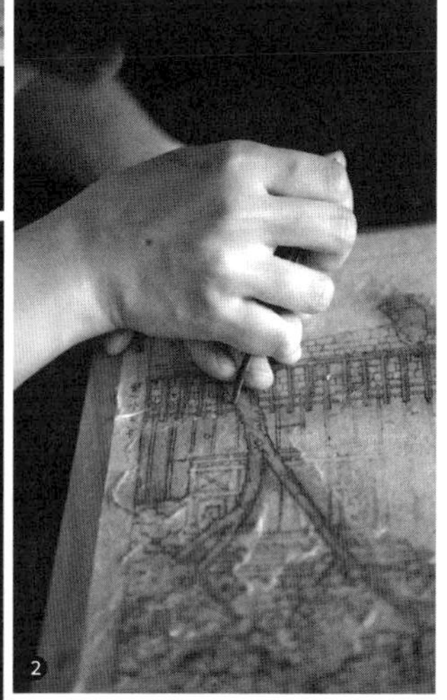

❶右邊兩張是關岡師傅的作品。岡幸二郎（悲慘世界）與中村勘三郎的演員版畫。左邊兩張是阿部負責的月曆。

❷在堅硬的山櫻印版上雕刻，根據使用的小刀與雕刻方向，小刀的拿法有嚴格的規定。

❸❹通過荒川區的「傳統工藝技術繼承者培育事業專案」審查，包括房租在內，每月能領 10 萬日圓以上的補助金。加上師傅給的補貼，才夠支撐弟子的生活。

一開始，我就問了一個很直接的問題：跟師傅兩個人待在六疊榻榻米的工作室裡，不會覺得很悶嗎？

「我對師傅的第一印象是『看起來很可怕』，而且師傅的年紀比我父親還大。我又聽說徒弟必須做準備午餐之類的工作，很擔心自己撐不下去，結果居然沒什麼問題。師傅意外地很健談……」

阿部的語氣很溫和。當然比起這些，工作的內容更重要。

剛開始，阿部收到了兩把小刀，接著練習切割、調整握柄，讓握柄的長度適合自己的雙手。關岡師傅教導阿部「刀的尖端要保持六十度角」，以及刀刃的研磨方法，銼刀的使用方法。花了一個半月專心準備工具後，才進入「練習雕刻」階段。練習使用的是《假名手本忠臣藏》，跟師傅當年當學徒時一樣。它是義太夫節的劇本，不是圖畫，僅有文字。

「一開始很難。我想雕得圓潤一點，結果卻都雕出稜角，刀刃還在中途折斷。關岡師傅會常常問我：『刻得怎麼樣了？』也會很仔細教我小刀雕印版時要用什麼樣的角度。但真的很難。」

以「樂趣」為動力

約一年後，練習結束。阿部不愧是職人，她已經開始感受到「雕得愈細愈有趣」。接著，她開始幫忙將師傅用小刀「打」完的印版、用鑿子「浚」。兩、三年後，關岡師傅讓阿部「自己一個人做這個試試看」，她開始負責案件。

其中一個案件是從法國來到日本，歷史悠久的連鎖麵包店「PAUL」的大型木版畫。它是一幅新藝術風格，富有裝飾性的花朵圖畫。底圖很大，雕在膠合板上。

阿部說：「這張畫沒有規定要從哪裡開始雕，我選擇從邊緣開始，大概花了一個半月。雕到一半時，就好想看看完成的樣子。」一旁的關岡師傅補充：「你的優點就是很仔細，缺點就是太仔細了，花太多時間了。」

「是。師傅動作很快，線條又細緻，每次都讓我很驚豔。」

「我覺得你會說『雕刻時很快樂』，真的很了不起。我可沒有這麼覺得過。」

在我看來，這對師徒有著強大的互信關係，才能對彼此說出夾雜著直球和變化球的真心話。

阿部說：「我現在還只是照著線條雕刻，但每位畫師對於線條都有自己的心思吧？

希望將來我能夠把他們的心思雕出來。」

拜師學藝五年，早上九點到傍晚六點都會待在工作室裡。阿部早已習慣做兩人份的午餐，甚至覺得這是一種轉換心情的方式。當初約好的修行期限是五年，但阿部希望能再延長一年，多從關岡師傅那裡偷學一些本領再獨立。

阿部紗弓｜1994 年生於神奈川縣鎌倉市。手工製造類專門學校畢業後，2016 年參加「荒川區傳統工藝技術繼承者培育事業專案」，成爲關岡師傅的弟子，現在是第 5 年。

關岡裕介｜1957 年生於東京。木版畫刷版師第二代關岡扇令的次男。高中畢業後，拜木版畫雕版師第四代大倉半兵衛爲師。曾任職於 Adachi 版畫研究所，1994 年創立關岡雕裕木版畫工坊。2013 年，承襲祖父與父親的名號「扇令」。

12 洋傘職人

師傅＝林康明

弟子＝古川大助

「左右差一公釐，最後就會偏移十六公釐。」

「做到分毫不差時，眞的很高興。」

精心記錄的筆記

訪談地點的牆邊排列著許多美麗的洋傘。林康明師傅拿出學生筆記本告訴我：「這就是當時的筆記。」我看了不禁讚嘆。筆記本上畫著無數個針、線、傘骨的細緻圖畫，簡直像是一本翻頁動畫書。圖畫旁邊還有清楚的文字製作說明。例如：「把傘抱在身體的左邊」、「在右側穿過圓圈」、「上線放鬆」、「下面拉緊」。這是一本精心製作的筆記。

我忍不住問：「您是美術大學畢業嗎？」

林師傅淡淡地回答：「不，我讀文科。只是喜歡畫畫而已。」林師傅說，這是二〇一三年渡邊政計師傅教的製傘方法，他當場就做成筆記。

當時渡邊政計已經是八十多歲傳說級的老練職人，他熟悉所有製傘的工序。林師傅所說的「當場」做成筆記的地方，是中國廈門一間採用日本式製造的洋傘工廠（總公司位於大阪），當時渡邊師傅擔任廠長。林師傅在這座工廠總共住了兩個月，拜渡邊師傅為師，學習全套的製傘技術。這本精心記錄的筆記，就是林師傅的依靠。如今，林師傅已是日本國內屈指可數、能完成全套製傘工序的洋傘職人，並擁有原創品牌

Ramuda。另有一間與知名品牌共同開發、製造洋傘的公司「株式會社市原」（位於東京都中央區），也是由林師傅擔任廠長兼製造部部長。

製傘曾是完全分工制

株式會社市原於一九四六創業，當時叫「皮帶屋」，是製造紳士雜貨配件的公司，過去曾是銀座「TEIJIN MEN'S SHOP」（已於二〇二一年結束營業）的供應商。TEIJIN MEN'S SHOP 有常春藤學院風與復古風服飾聖地的美名。一九六八年，TEIJIN MEN'S SHOP 委託株式會社市原製作「展示用的男性時髦傘」，市原就此開始製傘。在那個男用傘只有黑色長洋傘的時代，市原製作出了復古風格的洋傘。接著，TEIJIN 又要求市原「以新開發的高密度纖維布料 RECTAS 製作洋傘」。布料表面有起毛，用來製傘非常困難，但是市原克服了這個難題，在一九八五年前後完成任務，產品也大受歡迎。爾後市原就此改變路線，以製傘為主要業務。而林師傅正好就是在這時期進入公司。

一把傘要使用四十至五十個零件，製造則需要約十五個製程。首先必須用厚紙板做出三角形模紙，再以美工刀進行微調，手工製作出木模。將檢查過的布料按照木模的格子數量剪裁後，再進行：「製作天布、關節布」、「關節包布」、「蜂巢包布」、「縫合傘布」、「裝天布、縫製傘頂」、「固定傘布與傘骨尖端」、「固定傘布與傘骨中段」、「製作、安裝上盤」、「安裝傘帽」……等工序。每道工序都非常精細，而且由不同的職人分工完成。

隨著職人的高齡化日益嚴重，大型的製造商已在九〇年代將製造工廠移到海外。根據日本法律規定，只要最後階段的工序在日本完成，就可以標示「Made in Japan」。「真正的日本製產品」已經愈來愈難找到，任誰都看得出這已經成為一個嚴重的問題。

將抽象化的說明轉化為圖像與言語

長年擔任市原製傘工作的職人不再承接案件後，市原決定進行劃時代的改革：在公司內完成所有的製傘工序。林師傅便是這項改革的先鋒，他原本是業務，在企劃會議時會畫圖表達想法，公司也因此看見了他的心靈手巧。

「我連遲疑的時間都沒有，就開始找願意教我的師傅了。」林師傅說。

除了東京，林師傅也在關西找願意收製傘弟子的師傅。由於林師傅的年齡比較大，且有些洋傘職人不願意收徒，因此處處碰壁。幸好大阪有一間公司願意接受，這才有了先前所說的向渡邊師傅學藝的機會。

「廈門的工廠有當地的女性員工約兩百人，按照各種工序分工。我去了才親身體驗到工序真的太多了，手工製程也很多。一天足足有十二個小時，我都跟在渡邊師傅身邊學習。」林師傅說。

林師傅將渡邊師傅所說的「大概這樣」、「這麼做」等抽象表現，轉化為圖像與文字，記在學生筆記本上。林師傅回國後，修正了部份筆記的內容，配合傘骨、布料的組成與收縮率，一個一個製作出木造模具，布料也採用一塊一塊單獨剪裁的方式，建立起自己的製傘方式，也就是市原的全套製傘工法。在公司的工坊內，林師傅與後進們用這套製傘工法，一起默默地製作洋傘。

「這很難用言語來形容。」林師傅低聲說。

「最重要的是洋傘的外型。左右差一公釐，最後八格傘面就會偏移十六公釐。」

「我們家洋傘的特徵是布料向下彎曲的線條非常柔和，這叫『谷落型』。造型很

❶洋傘分爲 6 骨、8 骨、10 骨、16 骨等種類。不同的傘骨與傘面材質需要能夠搭配的三角型木製模具，必須先製作模具，再配合模具剪裁。
❷使用專用縫紉機縫合傘布。
❸固定傘布與傘骨中段。
❹市原連設計、生產原創傘布也一手包辦，可以說所有的員工都是職人。在這個一年丟棄八千萬把透明雨傘的時代，他們依然默默堅持著理念。

漂亮。」

林師傅的話語中洋溢著他對這份工作的愛。五十三歲時成為洋傘職人的他，現在即將邁入製傘生涯的第十年。

「將遺物做成洋傘」的創意

為了避免洋傘業界後繼無人，市原希望能繼續傳承全套洋傘製作技術，因此舉辦了「洋傘職人養成班」（校長是市原的負責人奥田正子，並由東京都洋傘工會協辦），家住愛知縣的古川大助，便是向林師傅學習製傘技術的學生之一。古川之所以會來學習製傘技術，背後有非常具體的理由。

古川從前在駕訓班工作，是事業心極強的上班族，生活與工作毫無平衡可言，孩子也完全交由妻子照顧。三十七歲那年，古川下定決心擺脫這樣的生活，他辭職後獨立創業，在家裡開設工作室，從事攝影與遺照加工。創業初期發展十分順利，由於這份工作，古川經常到訪往生者家屬與長輩住家，發現許多人家的衣櫃裡都存放著許久沒穿的和服。在這個斷捨離蔚為風潮的時代，這些和服賣不了多少錢，古川聽到許多家屬心痛

❶株式會社市原的工坊與展示間，位於中央區茅場町的商業辦公區。

❷❸古川從「洋傘職人養成班」畢業後，只要在製作洋傘的過程中有疑問，就會來到東京請教林師傅。這次，古川請教林師傅的問題是縫製順序複雜的「縫製傘頂」，與固定傘面及傘骨關節的「關節包布」。古川說，眞的很感謝林師傅現在依然視他爲徒。

❹林師傅正在確認木框有沒有歪斜。古川感嘆：「林師傅連細節也很堅持，如果看起來有一點點不美觀，他就不滿意。我很想學習他的精神。」

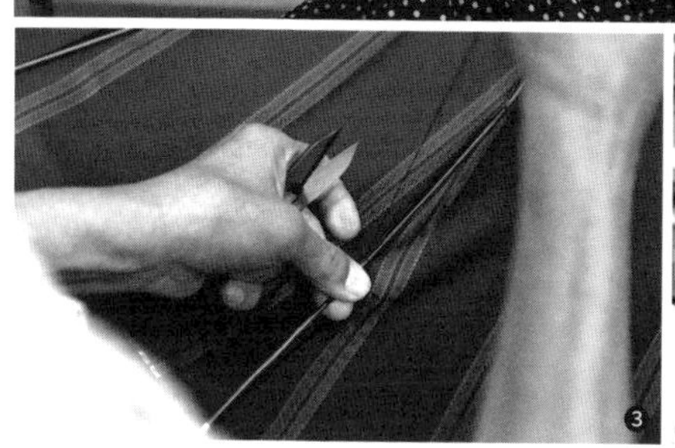

地說：「這些衣服有太多的回憶，但是實在太佔空間，只好扔掉。」為了解決「和服問題」，古川靈機一動，何不把它們改造成洋傘呢？

「最愛的外婆生前穿的和服變成了洋傘，繼續守護著女兒和孫子，就像是把生命的接力棒傳遞下去，這不是很棒嗎？」古川說。

附帶一提，古川從事攝影與遺照加工的工作室叫「BATON」，漸漸地他產生了想在工作室成立洋傘製作部門的念頭。之所以選擇洋傘而非雨傘，是因為和服不防水，對古川而言，若要保持不洗滌就能使用的前提，洋傘才是最佳選擇。

古川在網路上發現市原的「洋傘職人養成班」，立刻決定參加。這個養成班有兩種課程，一種是每週六一整天，另一種是週三晚間兩小時（兩者都是二十堂），古川原本想上週六的課，但週六無法停業，因此選擇了週三晚上。即使如此，要他每週擠出工作空檔到東京上課，還是像走鋼索般困難重重。古川說，無論如何只能硬著頭皮去做。

「這小子真的是個門外漢，什麼都不會。但是他很有學習精神。」林師傅說。

古川接話：「是，我真的是有勇無謀。可是當時已經有客戶對我說：『等你學會做傘，我家的和服就拜託你了。』」

第一堂與第二堂課程內容是「剪裁」，第三堂開始「縫合傘布」。作業已經事先安排好，按照製傘工序進行，步調很快。當時班上還有一位女同學。谷川小學後就沒拿過針、也沒碰過縫紉機，很快就會跟不上進度。他只好同時去愛知縣的裁縫教室上課，在家裡也會拿出作業，反覆練習。

持續勇敢挑戰

——你對林師傅的教學方法有什麼看法？

「林師傅本人很隨和，但他講課時非常嚴謹。眼神會跟平常完全不一樣，他總一再地提醒『看起來要美觀』，做出來的傘一定要堅持細節，處處都要美。只要形狀有一點崩塌，林師傅就會叫我重做。」

——師傅是手把手親自教學的嗎？

「可以這麼說吧。我常口頭回應『是、是』，但其實我一點也沒聽懂。這點也被林師傅看穿了。」

古川最不拿手的就是縫製順序複雜的「縫製傘頂」，這個步驟曾被林師傅喝斥：「不行，你這裡做得不對。」他最喜歡的則是縫合傘骨尖端與傘布的工序。傘布若是拉得不夠緊，就得解開縫線從頭來過。古川說：「雖然很辛苦，但是經過多次修正，終於分毫不差時，真的很高興。」

古川勇敢的挑戰，在養成班畢業後依然持續。古川的工作室主要業務是攝影與遺照加工，隨著本業案件增加，「將和服改造成洋傘」這項副業，也逐漸打開了知名度，開始有人將和服捐給古川當成練習材料使用。古川竭盡心力將這些布料做成試作品，目前已嘗試製作了四百把傘，其中三百把失敗，一百把成功。古川希望在地方藝廊展出這一百把傘，讓更多的人看見。目前，他承接洋傘改造的價格是一把一萬五千日圓，已經成功將三十件和服改造成三十把洋傘。改造一把傘，必須花費整整四個工作天。

古川說：「我還不夠專業。真絲、綢、羊毛、大島綢，不同材質的和服攤開時視覺上的尺寸大小會有所不同，我現在可以感受其中的差異了。目前我還是時常來東京，到市原請教。雖然很辛苦，但現在真的非常充實，生活和工作也很平衡。」

林師傅笑道：「如果有人問我興趣是什麼，我會回答做傘。古川現在的興趣好像也是這樣了。」

林師傅五十歲之後才走上職人的道路，古川則是將近四十歲。透過這份工作，兩人現在正油門全開地享受人生。這股衝勁實在令人佩服。

古川大助｜1979 年生。原本在老家愛知縣的駕訓班工作，後來獨立創業，創立「office BATON」，從事遺照加工等業務。2019 年從洋傘職人養成班畢業後，開始著手進行將和服改造成洋傘。

林康明｜1960 年生。1985 年進入株式會社市原。原本是活躍於職場的業務員，2013 年拜洋傘職人渡邊政計爲師，成爲製傘職人。2018 年，洋傘獲指定爲東京都傳統工藝品，林師傅也在同一年獲選爲東京都傳統工藝士。

13 英國皮鞋職人

師傅＝川口昭司

弟子＝高橋祐亮

「皮革的樣貌、設計的均衡感……」

「製鞋是多次將數值組合起來的繁複作業。」

「職人訂製品」充滿製作者的風格特色

訂製鞋工坊「Marquess」位於銀座一丁目大樓八樓，室內空間約二十八平方公尺，四面都是白牆。桃花心木的古董陳列架上，排列著幾雙線條優雅的紳士皮鞋，地板上整齊排放著縫製中的鞋子與皮革卷。中央鋪著小地毯，還擺了幾張古典風格的椅子。

「我會在這裡先和客戶討論一小時到一個半小時。」

店主兼製鞋職人川口昭司師傅說，他說話的語調很溫和。「職人訂製品」的語源來自英文的「bespoke」。Spoke是「說」的意思，訂製人與工匠經過討論，工匠先瞭解訂製人的使用需求與整體穿衣風格，再提出最適合的素材與設計並製作商品。「職人訂製品」與一般的「量身訂做」差異在於，前者充滿了製作者的特色，只有喜愛製作者風格的人，才會訂製「職人訂製品」。那麼，川口師傅製作的皮鞋是什麼風格呢？

川口師傅說：「我做的是一九三〇年代的英國皮鞋。」

店名「Marquess」是英國的爵位名稱。一雙皮鞋定價三十八萬日圓起。從下訂到完成耗時一年半：下訂八個月後試穿，再過八個月才完成。我在經過一番調查後，發現日本國內只有川口師傅用這樣的方法製鞋。

「其實也可以把一雙皮鞋的價格訂到一百萬日圓，但我不會這麼做，因為我是職人。」

川口師傅說，透過製作實用的皮鞋，自己也「在學習」。接著，川口師傅讓我進入工作室。

明亮的陽光從窗外照射進來，室內有四組桌椅，牆上吊著大量的鞋楦，十分壯觀。我問川口師傅：「這些都是實際使用的鞋楦嗎？」

川口師傅回答：「是的，都是委託我製鞋的客戶的鞋楦，已經有四百組了。每位客人的腳型完全不一樣。」

如前所述，這裡的製鞋流程是先和客戶充分溝通，接著從各種角度丈量腳的每一個部位，包括：長度、寬度、腳背高度、足弓形狀等等。首先以鉛筆在素描簿上畫出腳型，接著以量測出的尺寸做出鞋楦，在鞋楦表面貼上紙模，再用這張紙模做出鞋身部份的型紙，按照型紙剪裁皮革，縫上花紋或打上裝飾孔。接著將皮革套在鞋楦上，鞋底是手工縫製，鞋身則使用專用的縫紉機縫製。皮料大致分為鞋底與鞋身兩個部分，但還有許多眼睛看不到的地方，不難想像縫製時的工序多麼繁複。

英國公立職業訓練學校畢業後，拜知名製鞋職人為師

川口師傅是福岡人，二〇〇二年從家鄉的大學英文系畢業，原本想到英國繼續學習英語。當時的老師建議他：「不要只練習英文口說，學一點專業技術比較好。」川口師傅原本就對整體時尚造型有興趣，便選擇進入製鞋公立職業訓練學校。學校位於倫敦北方的北安普敦，當地有許多老牌的紳士皮鞋製造廠。學校裡教的是使用機械大量生產的製鞋方法，川口師傅花了一年學習基礎。十多個同學裡約有一半是日本人，師傅也在這間學校遇到現在的妻子由利子小姐。

「有一天，我在北安普敦的博物館裡看到一九三〇年代的紳士皮鞋，整個人大受衝擊。皮革的樣貌、設計的均衡感……這世上竟然有這麼美麗又有格調的皮鞋。從那天以後，我的目標就是做出這種皮鞋。」川口師傅說。

在北安普敦北方的紐卡斯爾，住著一位替皮鞋名牌約翰洛伯（John Lobb）製鞋的訂製品大師保羅．威爾遜。川口師傅寫信請求大師收他為徒，後來他與由利子都成了大師的徒弟。

「一開始師傅什麼都不教我，只說『你站在後面看』，此外就是研磨刀具。慢慢地，

師傅開始讓我問問題，一切都是從入門基礎開始，一點一點的學習。」

使用皮革的哪個部位製作，如何用砂紙打磨鞋楦，進行以公釐為單位的精密調整……威爾遜大師的判斷與技巧令川口師傅驚嘆不已，全心投入研究製鞋。製作鞋底的人叫「shoemaker」，用縫紉機縫製鞋身的人叫「closer」，川口師傅主要負責前者，由利子則是專門學習後者，兩人都學到了全套製鞋工序的精密作業，也曾在現場觀摩製鞋師傅與委託人的對話與尺寸丈量。

三年半後，川口師傅離開師門，在倫敦成為自由工作者，承包數間皮鞋製造商的委託案件，發揮製鞋專長。約一年半後，川口師傅於二〇〇八年回到日本，之後仍有英國廠商持續委託案件，從英國將鞋楦寄送到川口師傅位於福岡的老家。即使必須負擔寄送日本的來回郵資，一流鞋廠還是想把案件委託給他。

「全心製鞋」的熱情投入

二〇一一年，技術已臻純熟的川口師傅搬到東京，成立了工坊。第一個委託人是川口師傅的朋友。好評價口耳相傳，不久後，委託製鞋的客戶便絡繹不絕。

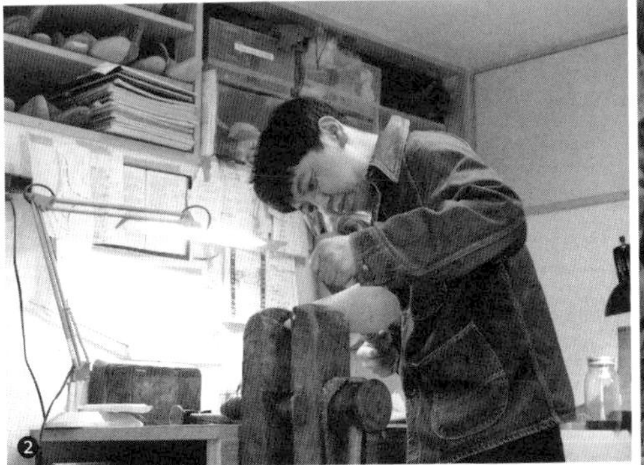

❶ Marquess 的皮鞋以男仕服飾最美的黃金時期「1930 年代英國」爲風格基調。工坊內存放超過 400 雙鞋楦。
❷正在微調鞋楦的川口師傅。
❸與委託人充分溝通，瞭解其性格與喜好，仔細丈量尺寸。職人訂製鞋的售價爲一雙三十八萬日圓起。
❹高橋正在進行固定鞋身與鞋底的「拉幫」作業。

就在此時，高橋祐亮在皮鞋的專業雜誌《LAST》上，看到川口師傅製作的紳士皮鞋照片，大為感動。

「皮革的樣態、設計的均衡感……真是一雙美麗又有格調，手工製作的理想皮鞋，令我十分心動。」

有趣的是，高橋的感想竟然和川口師傅在北安普敦博物館看到一九三〇年代紳士皮鞋時的驚嘆，一模一樣。

當時的高橋在品川區西小山開了一間「ABILITA」（義大利文，意思是能力），承接皮鞋、皮包修理與國內廠商的製鞋委託。他二十三歲開始在皮鞋與皮包修理店工作，後來獨立開業。高橋因為「皮包是平面，皮鞋卻是立體的，到底皮鞋是用什麼技術做的」產生興趣，在材料公司於東京開設的「皮鞋學校」學習後，又到台東區的皮鞋製造所製鞋，還去了很多其他的製造所觀摩製鞋技術，不斷努力自學。當高橋的技術提升後，也藉由使用機械的方法，承包製鞋廠商發包的「鞋底製作」案件。

高橋無法忘記看到雜誌照片時的感動，產生了「想請這位師傅指導製鞋」的念頭，他很快就試著聯絡川口師傅，卻吃了閉門羹。川口師傅說：「我當時並不需要請人幫忙。」不過，高橋的運氣很好。

❶英國會將工坊內無法全部做完的工作發包給其他自由工作者職人。川口師傅在英國也是一邊跟著師傅學習，一邊承包案件。高橋現在也從川口師傅這裡承接案件。
❷據說識貨的人一眼就能從針腳細密的縫製、整齊的拉幫與皮革的樣態，認出「Marquess」的皮鞋。「Marquess」目前一個月約能完成7～8雙皮鞋。
❸全套工具都是從英國帶回來的。
❹完成後，師徒兩人一起檢視成品。把鞋子稍微放遠一點，彼此毫無顧慮地交換意見。

約一年後，川口師傅計畫成立女鞋部門，於是請朋友介紹「能來幫忙的優秀人才」。這個業界看似很大，其實很小。朋友推薦的人正是高橋。川口師傅來到高橋的工作地點，高橋起先很高興，但聽到要做「女鞋」便一口拒絕。

「但是，川口師傅熱情地說了很多對職人訂製鞋的想法，當時我的腦中浮現了『全心製鞋』這四個字。激發了我內心的熱情，想要進入師傅的門下，從頭開始學習手工縫製皮鞋。」高橋說。

一心一意向師傅看齊

十二年前，川口師傅收了高橋當徒弟。高橋會在工作比較空閒的時段，每週安排一天到當時位於文京區的「Marquess」報到。

高橋說：「當時早上九點到『Marquess』以後，川口師傅只說了『早安』，之後就整天默默埋頭工作。」

川口師傅說：「當時是我很辛苦的時期，現在回想起來，當年我的性格也不太成熟。」

剛開始的一段時間，高橋只能仔細觀察師傅做鞋。師傅從拿刀的姿勢到加工的方法，都和高橋以前學習與使用的方式不同。即使只是一條縫線，也不是直接使用市售成品，而是親手製作。將焦油與蜜蠟加熱煮成蠟，再將八條麻線揉成一股後浸泡在蠟中。經過將近三年的準備作業學習，川口師傅才允許高橋接手試穿用的樣鞋。四年後，高橋才開始經手正式縫製皮鞋。

高橋說，「我最驚訝的是製鞋靠的不是直覺，而像是從頭開始把數值不斷組合起來，我一心想學到師傅的本事。」

高橋示範「拉幫」給我看。這是將鞋身固定在鞋底上的作業。

高橋坐在椅子上，鞋楦反放在併攏的腿上。將附有「內底」的鞋底朝上，接著把鞋身貼合在鞋楦上，用鳥嘴鉗夾住鞋身邊緣，將皮革彎曲九十度，沿著鞋楦底部一一打上釘子。

「要像這樣一邊拉平皺摺，一邊打上釘子。」高橋說。

用工具一下一下的敲打彎曲皺摺的皮革，皮革就會變得平滑柔順。

拉緊和敲打的力量都不能過強，也不能太弱。力道的控制也是來自經驗。眼力、注意力、爆發力……都讓在一旁觀摩的我肅然起敬。約花費一小時完成一隻鞋的拉幫後，等待固定在鞋楦上的皮革成型，接著拔掉釘子，用針線暗縫內底。縫內底時，每次穿針後都要拉緊線，藉此調整皮革的鬆緊度。

二〇一七年，「Marquess」從文京區搬到銀座，文京區的工作坊就交由高橋接手，高橋也承擔起 Marquess 部分的製造工作，成為深受川口師傅信任的好幫手。

川口師傅說：「鞋子完成後，我會和高橋一起檢視成品。我們把鞋子稍微放遠一點，彼此交換意見。」又說：「我所做的鞋子還無法讓客戶百分之百滿意，今後我會持續精進。」高橋聽著川口師傅謙虛的發言，他露出了沉穩而認真的表情。

高橋祐亮｜1981 年生於神奈川縣。23 歲時於皮鞋皮包修理店就職。曾於皮鞋學校進修，承接國內製造商皮鞋製造案件，爾後獨立開設「ABILITA」。29 歲時遇見川口師傅，拜師學習製作皮鞋。目前經營位於文京區水道的「ABILITA」。

川口昭司｜1980 年生於福岡縣。22 歲赴英國皮鞋職業訓練學校學習。畢業後拜職人訂製品大師保羅 · 威爾遜爲師，2008 年學成歸國。2011 年自創品牌「Marquess」，目前經營位於銀座的「Marquess」沙龍兼工坊。

14 製硯職人

師傅 ‖ 望月玉泉

弟子 ‖ 中川裕幾

「觀察石頭的紋路，再決定如何設計。」

「我慢慢掌握到訣竅了。」

鋒芒細緻且均衡

我開著車從中央道高速公路下甲府南交流道，沿著國道往南阿爾卑斯的方向行駛約三十公里後，爬上彎曲細小的山路。早川町位於山梨縣的西南一角，四周綠意圍繞。車子開著開著，眼前突然出現小巧的雨畑聚落。其中一間，便是展示、銷售「雨畑硯」的「硯匠庵」。

據說一二九七年（永仁五年），日蓮聖人的弟子日朗經過早川町時，發現一塊藍黑色的石頭，這便是雨畑硯的起源。到了第十四代將軍德川家茂時，當地人將雨畑硯進貢給朝廷，雨畑硯也因此開始普及。硯匠庵館長天野元告訴我，明治時代是雨畑硯的全盛時期，當地有一百人以上參與製硯。

「全國都有產硯的地方，但雨畑硯的鋒芒跟別的硯台不一樣。」天野館長說。

我聽不懂「鋒芒」是什麼，便向天野先生請教。

「『鋒芒』就是硯台表面肉眼看不見的凹凸。」

鋒芒原本的意思是刀尖，將石材製作成硯台後，石材中含有的礦物會將墨條磨碎，因此這些礦物也叫「鋒芒」，也就是極小的凸起。我借了一把二百五十倍的放大鏡，用它來仔細觀察硯台，不禁發出驚嘆聲。硯台表面的粒子不僅極為細緻，還非常平均，閃閃發光。用同一枝放大鏡觀察其他產地的硯台後，我發現兩者完全不一樣。雨畑硯由於鋒芒細緻，磨墨時手感滑順、且水分吸收較少，墨水持久不乾。許多書法大師都不辭千里前來購買。

天野館長說：「雨畑硯製作是代代相傳的地區文化，近年因高齡化加上硯台需求下降，製硯職人愈來愈少，之前有很長一段時間只剩下一位職人。」不過，去年有位年輕人自告奮勇，希望能成為製硯職人。

這對師徒是望月玉泉與中川裕幾，現在兩人正在硯匠庵的工坊內一起製作硯台。

將鑿子的動作與身體的搖晃控制在最小限度

咚咚咚咚咚……咚咚咚咚咚……

工坊傳來充滿節奏性的聲音。望月師傅坐在右邊，中川坐在距離師傅約兩公尺的左邊。望月師傅跨坐在長型的作業檯上，他的身體前傾，用手上的鑿子雕琢硯台，動作飛快，快速搖晃的肩膀、手腕與手保持著穩定的幅度，輕快的雕刻聲音也保持著一定的頻率。眼前的景象讓我看得入迷，說一句失禮的話，我腦中浮現了「功能美」這三個字。沒有任何一點多餘，合理到極致，保持所需最小限度的持續動作，竟然會產生如此的美感。中川的姿勢與望月師傅大致相同，但他的鑿子動得速度比較慢，身體的動作也沒有望月師傅那樣的美感。

這也是理所當然的，畢竟望月師傅已經有四十多年的製硯經驗，中川入門才兩年。牆上有一面看板，寫著：「1採掘原石、2選石、切割、3粗雕、4手雕、5打磨。」我開口詢問：「現在兩位在進行的是手雕嗎？」望月師傅停下了雕磨的手，他露出有些疑惑的表情，木訥地回答：「嗯，是的。」

雕琢硯台使用的基本工具是圓鑿與平鑿。不同尺寸的鑿子合計共有八枝。望月師傅說：「要觀察石頭的紋路，再決定如何設計。」接著他用紅色鉛筆在一顆新的平坦石頭表面畫上標記。望月師傅說，硯台周圍高起的部分是「硯邊」，凹陷處是「硯池」，磨墨的部位則是「硯堂」。決定要用石頭的哪個部分後，用紅筆在「硯邊」的內側畫線，再開始「手雕」。先沿著紅線打磨，接著用鑿子從紅線內側向中央短敲。敲完一圈後，再雕硯台的表面。大致完成「硯池」與「硯堂」後，再向下雕出硯台的深度。使用平鑿削磨，用圓鑿雕出角度。使用多把尖端尺寸不同的鑿子，慢慢調整細部。以上眾多的工序都是「手雕」的一環，因此，剛剛望月師傅才會一臉困惑。

中川說：「雕硯台的過程就是一項一項完成下一道工序前的準備作業。這樣說聽起來很難懂吧？其實對我來說也不好懂。不過，雕硯台就跟做菜一樣，每天都動手做，就會慢慢掌握訣竅。我也愈來愈覺得定師傅真的很厲害。」

「定師傅」就是望月師傅，師傅的本名是望月定德。據說，這一帶姓望月的人很多，因此都以「名」來稱呼。那麼我也入境隨俗，喊一聲「定師傅」吧。

父親不曾口頭指導

——定師傅是和誰學習製作硯台的呢？

「是我父親，他出生於大正十年。我家世世代代都從事硯台相關產業，父親在我讀小學時開始製作硯台。我從小就對石頭有興趣，其實我曾經離開村子外出工作，二十歲回鄉後，才開始坐在父親身邊學習。」

我又問：「您的父親是怎麼教您的呢？」接著，我很快就知道自己問錯了問題。因為定師傅答不出來，他再次露出了有些困惑的表情。

❶硯匠庵工坊內響起具有節奏性的鑿子雕刻聲。前方是望月師傅，後方是中川。製硯過程開放參觀。

❷雨畑硯看似平滑的表面下潛藏著無數鋒芒。原石的遠紅外線放射率爲89.83%。

❸基本工具圓鑿與平鑿，握柄是檜木製。這兩把是特別訂製的。

❹硯匠庵內有雨畑硯的歷史展覽區。松本清張曾來此取材，寫了一本以雨畑硯爲題材的小說《寶藏疑雲》。

「我老爹從來不會說你要這樣、要那樣。啊！他唯一說過的，只有『不要讓橫紋跑進來』。」

——橫紋是指什麼？

「石材上有橫線的部分。鑿子打不進去。」

——那鑿子的打法、角度、用力的方式呢？

「嗯……這個作業檯就是我老爹設計的。做硯台的多半都是盤腿坐，只有我們家是用這個檯子。老爹說，這樣比較好使力。」

——您就是看著父親的技術，用心去感受。

「就是這樣，看著看著，以前看不懂的地方突然就看懂了……」

我接著說：「看懂了，也就是您可以獨當一面了吧。」這時，定師傅卻突然丟過來一顆變化球。

「我父親的名號是麗石。是一位書法老師幫他取的。大正時代業界就規定，為了區別雨畑硯是不是真品，背面都要雕上『雨畑真石』這四個字。我們會在這四個字的旁邊再雕上名號。我的號是『玉泉』，是我二十六、七歲時，父親給我取的。」

也就是說，定師傅在六、七年後就獲得認可，能夠獨當一面。定師傅也提到在「雕

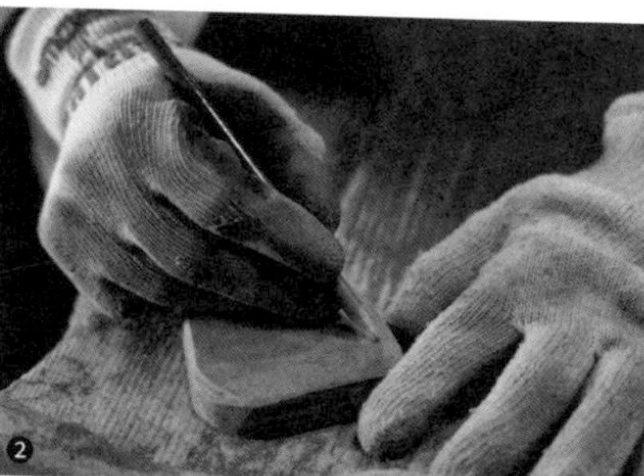

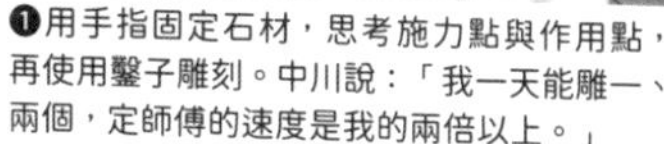

❶用手指固定石材，思考施力點與作用點，再使用鑿子雕刻。中川說：「我一天能雕一、兩個，定師傅的速度是我的兩倍以上。」
❷❸在正反都已經打磨到平滑的石材上粗雕。
❹望月師傅是左撇子。他說：「我一邊雕一邊聽中川鑿子的聲音，就能知道他雕得順不順利。」

硯台」之前，必須進行的「原石採掘」、「選石、切割」與「粗雕」，其實更需要熟練的技巧。

「一年會去採掘一到兩次，總共四到五個人，其中一位是設置炸藥的專業人士。最難的是分辨石材的紋路，跟看木材的紋路一樣。」

我心想，剛剛聽到的「橫紋不能跑進來」和「紋路」就是關鍵，但卻難以開口繼續問。因為這是很難用言語來表達的概念。接著，我請中川分享他的經歷，意外地從中得知定師傅想表達的意思。

山中的生活智慧：閱讀石紋

「我也是山梨縣人，老家在笛吹市，七年前搬到雨畑。」

中川小時候因為露營而喜歡上大自然，大學畢業後，他當過山梨縣青少年協會的指導員，後來進入早川町社區營造相關的支援組織，就此開始了與早川町的緣分。他的工作內容是「發掘並發揚地區的優點」。中川租了一間租金五千日圓的老宅，進而發現當地「保留著山中的生活智慧，手工製造的水準很高」，因此對早川町產生了興趣。

「雖然這裡是只有二十三戶人的聚落，但就連陀螺也是自己用木頭做的，用繩子打著玩。蔬菜當然也是自給自足，還有很多人會獵鳥和野豬，抓到就自己宰來吃……」

除此之外，還有採掘硯台原石的活動。前年春天，中川在受邀下第一次參加。聚落的五個男人戴著安全帽沿著雨畑川逆流而上，抵達砂岩與泥岩互層帶。長期持續挖掘形成的坑道因豪雨而流入砂石，眾人攀爬岩石，移動到坑道外側，設置炸藥，炸得岩石四處飛散。

「必須好好觀察石頭的厚度、形狀、質感，以及龜裂和鋒芒，再挑選適合加工製作成硯台的材料帶回來。」

不論是這趟旅程，還是背包塞滿石材回到聚落後進行的「切割」與「粗雕」，都和照片、文字等介紹，截然不同。挑回來的石材該使用哪個部分，要看石頭的紋路，其中又以「橫紋」為主。眼睛要仔細盯著看，還要用手摸。有橫紋的地方質地堅硬，鑿子打不下去。必須思考該如何設計才能巧妙迴避橫紋區雕刻。平坦度也很重要，石材要放在鏡子上旋轉，從各種角度觀察。還要使用砂磨機與研磨機打磨表面。定師傅花了整整一年修習如何將石材磨平，就此培養出閱讀石紋的能力。中川說：「這是很辛苦的工作。」他一臉心有所感。我想，他所說的「辛苦」，其實是「很美妙」的意思。

「我就在那時起心動念，想當一個做硯台的人。」中川說。

「時機」幫了他一把。剛好當時硯匠庵在徵求一位職員，同時必須兼任附近露營地的整理員。中川聞訊立刻飛奔前來，順利轉職成為製硯職人。

「我最常問定師傅的問題是：『這塊石材應該要用哪一面當硯台的正面。』平常我都是看著師傅的動作學習，但很多工序都沒有名稱，無法用文字作筆記，我也在師傅的允許下拍了很多的照片和影片。」中川說。

定師傅看向徒弟的眼神很溫和，就像在說：全村人努力支持的產業，在你來了之後，終於免於斷絕。我什麼都會教你，這樣我也才能安心退休。不管是拍照、還是用其他方法留下記錄，都沒有問題。

中川裕幾｜1985 年生於山梨縣笛吹市。曾任早川町社區營造支援組織職員，30 歲移居早川町。35 歲轉職到「硯匠庵」工作，成爲望月師傅的徒弟。

望月玉泉｜本名望月定德。1956 年生於山梨縣早川町。20 歲開始拜父親爲師，走上製硯職人的道路。曾以富士川故鄉工藝館（現爲富士川手工藝公園）爲工作場地，現改至硯匠庵內的工坊。

15

社寺繪師

師傅＝安川如風

弟子＝水野兼太

「要從觀察前人的工作開始。」

「對我來說一切都非常有意思。」

「我是受到衝擊之後，才決定進入這個業界。」

「業界通常都叫我們『著色師』，但這個稱呼跟友禪染職人難以區分。我們的工作是畫畫，因此確實是畫師、畫家，但無論什麼稱呼都不夠貼切。我就想，不如就學『社寺木工』，我們也叫『社寺繪師』好了。從三十多歲產生這個念頭以後，我就很自豪地自稱是『社寺繪師』。」

與安川師傅相會不久，我提到：「社寺繪師這個詞很少聽到。」安川師傅便告訴我這段由來。安川師傅的老師是川面稜一大師（一九一四～二〇〇五）。大師曾修復過知恩院經藏，其中有一本書提到「社寺畫師」。安川師傅將「畫」改成「繪」，但它還是過去就有的稱呼，指的是與神社、佛寺相關的繪畫職人，主要工作是讓老舊褪色的繪畫重現鮮活的風采，有時也會繪製新的圖畫。佛像、和室紙門、天花板、大殿駝峰……等等，都需要社寺繪師幫忙，工作範圍很廣。

我來到京都洛北拜訪安川師傅的工坊。在兩間各十二疊榻榻米的房間內，一位年輕人默默坐在矮桌前握筆作畫。他也是今天的主角之一。但我的視線忍不住被整面曼陀羅畫所吸引。這裡排列著五顏六色的顏料，還有許多《密教美術大觀》、《日本屏風畫集錦》等書籍，令人雀躍不已。

——請問安川師傅是第幾代呢？

「我是創業者。我父親是油漆匠。我喜歡畫圖，進了東京的美術大學之後，原本想當日本畫畫家。畢業後，過了一陣子才回到京都，後來父親介紹我到做文化財修復的川面美術研究所進修，我整個人大受衝擊，決定成為社寺繪師。」

——您為何會受到衝擊？

「我當時是二條城屏障畫狩野派的臨摹畫師，以前我自認日本畫畫得還不錯，那時才發現根本沒那回事。舉例來說，不論我怎麼投入感情，都無法把線條畫得流暢且筆直。以前的職人竟然能畫出這樣的線條，這讓我大受衝擊。」

安川師傅也參加過北野天滿宮的色彩修復工程，他負責將在獅子的鬃毛描上金線。在建築物或雕像上畫線就更難了。手容易發抖，必須驅使手肘、肩膀、手腕和腰的力量，才能持續作畫，那需要相當高的技術。

安川師傅說：「我發現以前的職人都能一口氣畫出來，真的很厲害。」他說，自己原本看輕職人的工作，當時的經歷改變了他的想法，對職人世界的深奧驚嘆不已，也決定將它當成自己一生的志業。

我問：「您的師傅有教繪畫技術嗎？」安川師傅說：「師傅一週會到現場幾次，監督整體作業。細節是前輩教我的。我從師傅那裡學到的是：『要用心來臨摹。』」為了掌握這個抽象的建議，安川師傅想必又花了許多力氣自學知識與技法。

印象最深刻的工作是「蓮如上人繪傳」

安川師傅在三十歲時獨立開業。一般來說，寺廟的工作來自佛具店與佛壇店，神社的工作則來自神具店與神職裝束店。當時，安川師傅常接一些工期短、預算少，同業不想接的工作，因此被稱為「萬能救星安川」，倍受業界的重視。

安川師傅說：「我認為在工期與尺寸等限制中發揮自己的技術，就是職人的工作。也就是壓抑自己的個性，做出客戶喜歡的成果。雖然我當初就是看到以前職人們的技藝才進入這一行，但每次看還是都覺得他們的表現方法與技巧，實在是神乎其技。我也是不斷地觀察，再從中學習。」

為了承接社寺建築物、壁畫、神具、佛具等多個領域的工作，必須學習許多知識與技法，安川師傅腳踏實地不斷努力，成為不遜於天才的優秀繪師，業界內的好評價口耳相傳，終於帶來了來自全國，源源不絕的客戶。四十一歲那年，安川師傅創立公司，名字就叫「社寺繪師安川」。公司也承接大規模壁畫製作等案件，最多時曾有三十名弟子。

——請問您印象最深刻的工作是哪一件？

「大阪府八尾市的淨土宗本願寺派，久寶寺御坊，顯證寺。蓮如上人的繪傳。」師傅立刻回答。

那是蓮如上人五百年忌的紀念，寺院希望新繪製四幅（每幅為三×一點五公尺）圖畫，作為上人的傳記。為此共召開三十次會議，多位高僧都有出席，會中多次討論故事與表現手法。安川師傅率領弟子們徹底研究蓮如上人，設計出約四十個場景，一千位以上的登場人物。需要十年的時間才能完成，最後於二〇一〇年完工。安川師傅拿了修正多達九次的第一幅草稿給我看，其精緻巧妙令我驚奇不已。

這個案件彷彿是職人生涯的巔峰。我說：「這是非常有意義的工作。」安川師傅雙臂抱胸，他沉吟了幾秒才回答。

「以社寺繪師來說，當然是如此。但是……文化需要錢。以經營者的立場來說，這個案子我做得很痛苦。」

製作過程比當初預估的狀況複雜許多，費用的壓力也極大。安川師傅不僅分享了職

❶在大阪八尾顯証寺的委託下，安川師傅花了十年製作日本最大的《蓮如上人四幅繪傳》。他手上拿的是當時的草稿。
❷工坊內也有許多水干顏料。這是一種將黏土質的土放入水中，分解粒子後精製成的顏料。
❸師傅畫的人像。彷彿可以聽到呼吸般栩栩如生。

人工作的光明面，也把陰暗面毫不隱藏地說出來。安川師傅接著說：

「這幾年，工作愈來愈少了。也愈來愈難培養年輕的人才。如此一來，社寺可能就無法存續，這是個令人困擾的嚴重問題。於是，我決定創造可以永久持續下去的工作。」

在大英博物館迷上佛教美術的平面設計師

訪談這天，水野兼太在工坊裡默默作畫。四邊都是十一公分的正方形木板上貼著畫紙，他正屏息凝神，用細筆在紙上描繪著花紋。

安川師傅說：「十二天像原本是東寺的佛畫，後來是京都國立博物館收藏的國寶，水野現在畫的是將神像衣裝上的團華紋稍微調整後的花紋。」

花紋用了金色、正紅、深藍，色彩十分美麗。安川師傅計畫利用它做成具有「開運」、「避邪」等功能的美麗擺飾，不久後就要開始銷售。這些作品必須使用塗抹、暈染等所有技巧，恰好可以讓後進練習作畫技術。原來如此，安川師傅所說的「創造工作」，就是這個意思。

「十二天是守護方位的神明，也用於正月的宮中禮儀。」

❶安川師傅於 2008 年獲選爲「京都名工匠」。公司名「社寺繪師安川」也已登錄商標。❷將國寶十二天像的團華紋稍作調整後製作成商品。❸商品於 2023 年推出，銷售價格爲十三萬八千日圓（不含稅）。❹水野在當麻曼陀羅像（摹寫品）前認眞地拿著畫筆作畫。

我回道：「您懂得真多。」水野說：「沒這回事。」我又問：「您是如何成為這裡的弟子？」水野告訴我，他原本是平面設計師，一路走來的旅程既漫長又不可思議。

水野原本就喜歡繪畫，因此成為平面設計師，但業界追求以數位方式快速呈現作品，水野覺得和自己的理念不合，一年後便辭掉工作。二十三歲時，為了拓展見聞，水野決定到國外旅行，途經荷蘭，後來抵達英國。

「到了倫敦後，我去大英博物館參觀，館內按照時代和地區分類展品。例如：古埃及、古羅馬……我慢慢往上走，發現日本的展品放在最高樓層。有茶室、國寶百濟觀音像、頭盔、鎧甲、浮世繪等等，一想到在英國這樣的階級社會，日本也倍受尊重，我就感動到落淚。」

水野身為日本人的自我認同覺醒後，對佛教美術產生了興趣。回國以後，他試著跟京都的佛畫師傅學藝，但在初次見面時，水野看到師傅「把八百年前的佛畫放在身邊臨摹」的模樣，整個人大受震撼。水野是個老實人，深深覺得「自己的決心不夠」，便打消了學藝的念頭。

之後他的遭遇更有趣了。為了探尋自己的內心，水野去了沖繩的菸草農園、北海道的愛努村落，長野的嬉皮村。他說，或許他是在尋找用心過日子的人。接著水野來到四國遊歷，途中認識了一位佛教美術畫商。在這位畫商的介紹下，他飛到尼泊爾與西藏，向當地的唐卡畫師（佛畫師）學習一年，之後又前往印度的佛教聖地參觀，進入畫塾學藝三個月。不論在哪個國家，水野都是用「勉強能說出口的英文」與當地人溝通。

「我去的尼泊爾、西藏、印度，當地都有很強的佛教信仰，也是在這樣的背景下，才會有佛畫師。那些佛畫上的藍色很清澈，色調比日本明亮許多。三十歲回國後，我下定決心要學習日本的佛畫，於是在京都走訪佛畫工坊到第六間畫坊時，才與安川師傅結下緣分。」水野說。

「寺社繪師安川」傳承的工作態度

水野初次踏進這座工坊時，被牆上掛著的那幅《當麻曼陀羅》摹寫所深深吸引，這是一幅工坊的作品，在大畫面上有許多佛菩薩，描繪地十分緻密。水野說，這讓他感受到「這裡的人是懷抱著虔敬的心情在工作」。

安川師傅說，水野來的時機正好。大阪府豐中市光國寺的裝飾著色工作剛好需要人手。雖然水野已經在國外學過畫技，但在實際工作前，還是先在工坊接受了基本的技法指導，才前往作業現場。水野參加了以四十多歲弟子為首組成的四人小組，在小組中度過了一年。

「對我來說，一切都非常有意思。我會用直覺推測原本的顏色，一心想更貼近前人的技藝……」水野說。

——您對安川師傅的指導，印象最深刻的是什麼？

「有一句話不是師傅說的，是前輩說的。他告訴我：『你要意識到來自佛菩薩的視線，從反面看起來也要美觀。』我們太習慣從正面去看了，這句話提醒了我，正面只是其中一面。」

這就是「寺社繪師安川」傳承的工作態度，與半個世紀前川面稜一大師對安川師傅的教誨「要用心來臨摹」，是一樣的道理。

「水野看過很多好東西，已經沒必要詳細地教他了。這份工作很辛苦，但是作品可以流傳後世，是值得感謝的好工作。」安川師傅說。工坊內的氣氛十分融洽。幾分鐘後，安川師傅與水野一起拿起畫筆。

現場的氣氛一下子改變了，師徒兩人氣勢驚人。我想，這樣的氣魄也是一種傳統文化。

水野兼太｜1988 年生於鳥取縣。辭去平面設計師工作後，於 23 歲出外遊歷。在倫敦大英博物館對佛教畫產生興趣，在國內行遍四方後，前往尼泊爾、印度學畫。30 歲回國，進入株式會社社寺繪師安川。

安川如風｜社寺繪師。1946 年生於京都市。就讀武藏野美術大學時專攻日本畫，畢業後於京都川面美術研究所學習文化財修復 3 年，1977 年獨立開業。1987 年，公司改組爲株式會社社寺繪師安川。參與全國超過 5 百間神社、寺廟裝飾著色與修復。

16

茅葺屋頂職人

師傅＝**中野誠**

弟子＝**湯田詔奎**

「一切我都會用口頭說明。」

「我會提問，也會用手機拍照。」

從朝會開始的一天

這裡是位於京都市北方約九十公里的綾部市。附近散布著許多聚落，今天要採訪的現場，就位於這有如「日本鄉野奇譚」的場景。這是一處頂著茅草屋頂的民宅，屋頂的茅草正在更換中，牆邊架著直通屋頂的梯子，立足點下方的地面堆著許多的茅草束。我到達的時間是早上七點半，茅草已經飄出少許陽光的氣味。

八點，工頭中野誠師傅搭乘廂型車抵達現場。先上屋頂作業的年輕人們紛紛下到地面，在院子裡聚集，加上一位「擅自來幫忙」的村人，四人一起開始朝會。

「感謝先人的智慧與技能，我們將習得的技術，不斷磨練，傳承給下個世代。」一開始，眾人先一起唸誦美山茅葺株式會社的經營理念，現場的氣氛一下子緊張起來。幾個人輪流唸出印著社會人行動指南的手冊，再一起說出「今天的注意事項」是「檢查每天的業務」，接著詳細確認工程進度。

「用這種方式開朝會之後，我覺得有一些改變。這會讓人感覺到我們是在先人的守護與幫助下生活、工作，今天也要努力加油。」

朝會結束後，中野師傅對著我笑。接著他告訴我：

「很多人都以為茅是植物的名字，其實它是用來鋪屋頂的植物總稱，包括：芒草、蘆葦、小麥稈，都是茅。」完全出乎我意料之外。那麼，今天使用的是哪一種呢？

中野師傅說：「是來自靜岡御殿場和熊本阿蘇的芒草。這些地方是芒草的知名產地，能去除芒草中的水分跟養分，達到完全乾燥。之所以會用芒草，是因為這些植物有地域性。」

地域性是什麼？

中野師傅解釋：「像琵琶湖一代就是蘆葦。我的老家美山町北村，還有這一帶都是使用當地的芒草。以前聚落裡會互相幫忙，每二、三十年就換一次屋頂的茅草，但因為務農人口愈來愈少，很早就改請外面的職人來做。我開始轉換軌道進入這行的時候，村裡只剩下三位『最後的職人』了。」

在英國受到衝擊，因而拜「最後的職人」為師

中野師傅出生成長的故鄉是京都府美山町（現在的南丹市）北村地區，這裡至今仍有約四十間茅葺屋頂的民家，是知名的「茅草屋之里」。中野師傅說的「轉換軌道」

又是什麼時候的事呢？

「二十二歲那年。我去了英國。」

中野師傅的父親是泥水工頭。小時候，中野師傅也曾一心嚮往當個職人，但父親因為時代不重視泥水匠而停業，家人期待中野當個上班族，於是他學習會計，後來進入農會工作。他深信知名的成功哲學「莫非定律」，也喜歡自然農法，而這些無法在農會職員的工作中得到滿足，恰巧這時，他得到了前往英國研習的機會。

中野師傅說：「我在科茲窩看到許多茅葺屋頂民宅，發現外國也有茅葺屋頂，整個人大受衝擊。到了寄宿家庭，我為了開啟話題，給當地人看了村子裡的茅葺屋頂聚落照片，他們不斷誇讚，說沒想到我住在這麼美的地方。而且在英國，職人是年輕人很嚮往的職業。」

回國後，中野師傅辭掉了農會的工作，決定拜村裡「最後的茅葺屋頂職人們」為師。親朋好友全都反對，連職人都說：「以後沒有這種工作了，你還是別學。」但他完全不理會。當年他二十三歲，三位職人中最年輕的已經六十三歲。

「有將近一年的時間，我都在整理工具、打掃，做些打雜工作。師傅叫我『拿那個來』，我就要想『為什麼是在這個時候拿』。材料的配置也是有意義的。師傅叫我要『想想三步後該做什麼』。其實就是看著師傅背影學習的師徒制。」中野師傅說。

先把舊屋頂的茅草拆下來，接著以粗竹竿為橫向支撐，竹椽為縱向支撐，用繩子綁緊，再披上稻草，製作成屋頂的底座。將長度相同的茅草綁成束，放在屋簷處，由下往上葺，堆疊許多層的茅草，最後再修剪。中野師傅說，當時不管再怎麼認真觀察，我的內心還是不斷出現疑問，三年後才頓覺「原來是這樣」。五年後學徒合約結束，第六年義務工作回饋師傅，三十歲那年中野師傅終於獨立。

中野師傅說：「茅葺屋頂住宅是終極的環保住家。每根茅草都是吸管狀，中間有空氣，所以冬暖夏涼。而且還能達到碳中和。我自己家也是買茅葺老宅，再重新葺過。」

中野師傅對茅葺屋頂住家非常著迷。獨立後，他在二〇〇七年為了將技術傳給後進，成立了公司組織，現在美山茅葺共有十二位職人，不僅有許多來自近鄰民宅的委託，全國也不斷有重葺文化財屋頂的案件湧入。

「一邊鋪平一邊拉好位置」、「是」

這間民宅屋齡約有一百年。我爬上梯子，觀察其中一位學徒湯田詔奎正在進行的「葺

❶朝會開始，每個人都抬頭挺胸。
❷山牆上有家紋，彷彿從風雨中守護著全家。茅草要從下方往上葺。
❸茅葺職人有充滿職業特色的體格。圖中是入行30年的中野師傅。茅草下方是用竹子和繩索固定的底座，「葺屋簷」的同時，也會將茅草固定在底座上。
❹職人使用的繩索與祇園祭的山鉾（山車）組裝用的繩索，一樣來自京都府福知山。

屋簷」作業。從斜後方看，湯田從立足點堆積的大量芒草束下方，一束一束取出草束，再將它們放到屋頂上，動作非常流暢。乍看之下，這個步驟似乎並不困難，但我仔細觀察，發現湯田每次放好草束後，都會很快地把手伸進芒草底下，似乎在執行某種步驟。

「我要把這個綁在下面的竹子上……」

湯田向我說明。「這個」指的是將茅草束成一束的繩子。也就是說，他剛剛用手摸到底座的竹竿，把芒草束固定在竹竿上。正面則和旁邊的芒草束用繩子綁在一起，牢牢地打上兩個結。每一根芒草都不一樣，但草束的外觀必須均衡。這一束草大概有多大呢？

「這叫『二尺締』，周圍是二尺……大約是六十公分。」湯田說。

單位是尺嗎？

「對，用以前的單位，感覺比較貼切。」

施工期間約三週，今天剛好是工期的一半。四面屋頂共需要三千至三千五百束茅草，葺屋頂是一條漫漫長路。不知何時，中野師傅已經爬上屋頂，他眼神銳利地盯著湯田，開口說道：

「要鋪得筆直。」

「啊，是。」

❶❷左（前）爲湯田，右爲中野師傅。中野師傅偶爾會仔細查看湯田的動作並給予建議。
❸鋪好茅草後，要拍打調整形狀。
❹中野師傅說：「茅葺是一種可以循環再利用的資源。」茅草舊了，可以堆成肥料，用來種稻，收穫後稻稈又可以用來葺屋頂。

「（綁繩子時）一邊鋪平一邊拉好位置。」

「是。」

「不要亂碰，少摸幾下。」

「是。」

這對師徒並不是「看著師傅的背影學習」。

中野師傅說：「我會盡量用講的。雖然看著師傅的背影自己去理解會懂得更多，但我們沒有時間了。收徒最理想的年紀是十五歲，但最近不只是高中畢業，甚至還有研究所畢業和社會人都來學。我沒辦法拒絕雙眼閃閃發亮說想學的年輕人，我只好詳細教他們。」

不懂就問，也會用手機拍照

湯田入門第七年了。他畢業於熊本縣立球磨工業高中傳統建築科，受到木匠祖父的影響，原本想當木匠。後來，他在博物館看到茅葺屋頂的建築物，對它是如何葺成的感到好奇，便一腳踏進了茅葺屋的世界。

湯田用「茅葺」、「職人」加上自己想去的「關西」，這三個關鍵詞一起上網搜尋，第一個出現的就是中野師傅帶領的美山茅葺。高中三年級的暑假，湯田以實習生的身分第一次來到美山茅葺。當時的工作現場是，神奈川縣伊勢原市的日向藥師寶城坊，湯田幫忙清掃了兩週。他說，當時的印象是：

「屋頂很大，嚇了我一跳。」

我想「嚇一跳」應該就是「感動」的意思。湯田說，因為自己太緊張了，已經不記得實習時和中野師傅有什麼工作上的互動，只記得快結束時，中野師傅問他：「明年四月會來（美山茅葺）嗎？」湯田回答：「是。」

「我完全沒有找別的工作，畢業就來這裡了。」湯田說。

湯田加入後，第一個工作現場在埼玉縣秩父市，也是一處文化財。才進美山茅葺不久，湯田立刻就出差一個半月。他做了哪些工作呢？

「打掃，還有把材料遞給前輩。都是一些雜活。」

什麼時候該打掃哪裡、哪些材料要遞給誰，這些都和中野師傅入行時一樣，不同的是，湯田會找尋時機發問，不懂的地方全部都會問。

「（要遞的材料是）三尺？還是二尺？」

「（這裡的打掃）現在可以做嗎？會不會干擾到你們？」

做雜活是為了學會「想想三步後，我該做什麼」。湯田說，前輩們都會回應，從來沒有凶狠地罵過他。這是中野師傅培養出的美山茅葺文化。經過一年的「雜活」，終於進入「茅葺」的實作，湯田用手機拍下許多教學照片，他每天都看著照片複習。不只之前這麼做，現在也依然如此。

「新人時期，葺屋簷是從屋頂的正中央開始的，重要的是邊角。當中野師傅把葺邊角的工作交給我時，我覺得這實在太有趣了。」

湯田回憶道：「這份工作有很多地方無法用數字表現，一切都看現場的感覺。我還無法獨當一面。」說完，他便回去葺屋簷了。中野師傅從屋頂右角開始葺，湯田則從左角開始。兩人的速度有所差距，中野師傅的速度快上許多，湯田則帶著一決勝負的認真氣場。師徒兩人的身影融合在一片芒草的山林景色中。我心中不禁回想起朝會後，中野師傅所說的：「我們是在先人的守護與幫助下生活、工作……」

湯田詔奎｜1997 年生於熊本縣。原本想當木工，因此進入熊本縣立球磨工業高中傳統建築科就讀，學生時期在博物館看到茅葺屋，深深著迷。畢業後進入美山茅葺株式會社，現在是第七年。

中野誠｜1968 年生於京都府美山町（現在的南丹市）。23 歲時拜當地「最後的茅葺職人」爲師，30 歲時獨立。以個體戶方式經營十年後，創立美山茅葺株式會社。承包的案件，包括：民宅與文化財。

後記

至今，社會大眾對職人仍有沉默寡言、難以相處的印象。但事實上，真的是這樣嗎？本書登場的師傅們一點都不難相處，甚至還十分健談。不知道是因為這些師傅對外開放門戶，或是整個業界都是如此？但職人的世界，確實已經發生了變化。

我在前言中提過，從「看著師傅的背影學習」轉變到「讓徒弟看著師傅的背影，但師傅也會用口頭教導，以理論說明」，這對師徒雙方都是值得欣喜的事。沒有一個師傅會認為職人文化不需要傳承，再者，教學方式的改變，也能改善徒弟因為「搞不懂、不想做了」而放棄的困境。

我翻著本書的校樣，目光停留在泥水師傅田中昭義那一頁，看到田中師傅分享：「出於責任感，比起給哥哥送終更重視工作職責的職人」、「無法做出自己滿意的成果，主動提出減薪的職人」、「聽到醫師宣告來日無多，還是默默工作，住院前一天仔細打掃工作環境，打磨工具的父親」。

對「職人這種充滿責任感與尊嚴的生活方式」感到心生嚮往的，應該不只我一人。更讓我景仰的是，田中師傅說，他想把這種生活方式「傳承」給下個世代，而不是「要求年輕人來繼承」。身為師傅，他沒有提出蠻橫無理的要求，而是有所顧慮地選擇提供後進各種「材料」。

閱讀本書的讀者，若能對這些年輕弟子在職人世界的角落努力的模樣留下一絲印象，我會十分喜悅。再貪心地說一句，我希望高中生、大學生以及正在找尋自我的年輕人，都能看看這本書。

本書的取材期間為二〇一九年至二〇二二年，後續或許有些弟子已經獨立，或是文章中的師徒關係產生了變化，敬請海涵。

最後，感謝這十六組、共三十二位師傅與徒弟答應接受並協助我的採訪。同時我也要感謝拍攝出美好照片的攝影師川本聖哉、大道雪代，以及連載時給予我許多協助的淡交社編輯磯田涉，以及負責追加取材與出版的辰巳出版小林智廣。

二〇二三年二月　井上理津子

Catch 302

師徒百景：十六組傳技也傳心的匠人傳承故事

師弟百景 “技”をつないでいく職人という生き方

作者：井上理津子
譯者：劉淳
封面插畫：rabbit44
責任編輯：陳秀娟
封面設計：許慈力
內文排版：邱方鈺
內頁攝影：川本聖哉（1-2、6-14）、大道雪代（3-5、15-16）
出版者：大塊文化出版股份有限公司
105022 台北市松山區南京東路四段 25 號 11 樓
www.locuspublishing.com
locus@locuspublishing.com
讀者服務專線：0800-006-689
電話：02-87123898
傳眞：02-87123897
郵政劃撥帳號：18955675
戶名：大塊文化出版股份有限公司
法律顧問：董安丹律師、顧慕堯律師

總經銷：大和書報圖書股份有限公司
新北市新莊區五工五路 2 號
電話：02-89902588
傳眞：02-22901658

初版一刷　2024 年 02 月
定價 380 元
ISBN：978-626-7388-23-5

SHITEI HYAKKEI "WAZA" WO TSUNAIDEIKU SHOKUNIN TOIU IKIKATA

國家圖書館出版品預行編目（CIP）資料
師徒百景：十六組傳技也傳心的匠人傳承故事／井上理津子 著；劉淳 譯. -- 初版. -- 臺北市：大塊文化出版股份有限公司，2024.02，216 面；12.8×18 公分. -- (Catch；302)，譯自：師弟百景："技"をつないでいく職人という生き方，ISBN 978-626-7388-23-5（平裝），
1.CST：傳統技藝　2.CST：工匠　3.CST：傳記　4.CST：日本，783.11　112020965

LOCUS

LOCUS